管理沟通的理论与实践创新研究

韩 琳 李 鑫 奚宁宇 著

吉林出版集团股份有限公司
全国百佳图书出版单位

图书在版编目（CIP）数据

管理沟通的理论与实践创新研究 / 韩琳，李鑫，奚宁宇著. -- 长春：吉林出版集团股份有限公司，2024.3
ISBN 978-7-5731-4670-0

Ⅰ.①管… Ⅱ.①韩…②李…③奚… Ⅲ.①管理学-研究 Ⅳ.①C93

中国国家版本馆 CIP 数据核字（2024）第 056361 号

管理沟通的理论与实践创新研究
GUANLI GOUTONG DE LILUN YU SHIJIAN CHUANGXIN YANJIU

著　　者	韩琳 李鑫 奚宁宇
责任编辑	蔡宏浩
装帧设计	万典文化
开　　本	787 mm×1092 mm　1/16
印　　张	7
字　　数	150 千字
版　　次	2025 年 3 月第 1 版
印　　次	2025 年 3 月第 1 次印刷
出　　版	吉林出版集团股份有限公司
发　　行	吉林音像出版社有限责任公司
	（吉林省长春市南关区福祉大路 5788 号）
电　　话	0431-81629679
印　　刷	吉林省信诚印刷有限公司

ISBN 978-7-5731-4670-0　　　定　价　58.00 元

如发现印装质量问题，影响阅读，请与出版社联系调换。

PREFACE 前言

  在当今迅速变化和高度互联的商业环境中，管理沟通不再只是一项任务，更是一切事物成功的关键。沟通不仅是信息传递的手段，更是塑造组织文化、促进团队协作、建立领导者与团队之间信任关系的纽带。本书将深入研究信息化时代下的沟通策略、跨文化沟通的挑战以及沟通创新对组织业绩的影响。通过学术深度和实践经验的结合，我们希望能够为读者打开管理沟通的新视角，助力组织在竞争激烈的市场中不断创新、持续发展。我们还将关注沟通与领导力、团队协作之间的微妙关系，为读者提供在不断变化的商业环境中成功应对挑战的实用工具和战略。

  理论的创新是推动管理沟通研究向前迈进的引擎。通过挑战传统观念，拓展理论框架，我们能够更全面地理解沟通在组织中的作用和影响。理论创新为我们提供了思考沟通模式、领导风格、组织文化等方面的新途径，帮助我们更好地解答管理沟通中的复杂问题。同时，实践的创新对于将理论落地并提高组织绩效至关重要。随着科技的飞速发展，新的沟通工具和平台不断涌现，为组织提供了更灵活、高效的沟通手段。实践创新鼓励我们在日常工作中探索新的沟通方式，并将最佳实践纳入组织文化中，以提高团队的协作能力和适应力。这个领域的研究旨在弥合理论与实践之间的鸿沟，使其相互促进。通过深入研究沟通理论，并结合实际案例和经验，我们能够为组织提供更有针对性、可行性的沟通战略。这种理论与实践的融合将推动管理沟通领域走向新的高度，助力组织在竞争激烈的市场中保持竞争力。本研究旨在探讨并促进这一融合，为未来的管理沟通研究和实践创新开辟新的前沿。

  作者在写作本书的过程中，借鉴了许多前辈的研究成果，在此表示衷心的感谢。由于本书需要探究的层面比较深，作者对一些相关问题的研究不透彻，加之写作时间仓促，书中难免存在一定的不妥和疏漏之处，恳请前辈、同行以及广大读者斧正。

CONTENTS 目 录

第一章 管理沟通概论 ·· 1
    第一节 管理沟通的含义 ··· 1
    第二节 管理沟通的理论基础 ··· 12
    第三节 管理沟通的基本类型 ··· 19
    第四节 管理沟通的地位和作用 ··· 24

第二章 管理沟通的相关理论 ··· 32
    第一节 古代管理沟通思想 ··· 32
    第二节 古典组织理论 ·· 45
    第三节 人际关系理论 ·· 48
    第四节 行为科学管理理论 ··· 52
    第五节 冲突管理理论 ·· 66

第三章 管理沟通过程、目标和原则 ································ 77
    第一节 管理沟通的过程和要素 ··· 77
    第二节 管理沟通的目标 ··· 86
    第三节 管理沟通的原则 ··· 92

参考文献 ··· 104

第一章 管理沟通概论

第一节 管理沟通的含义

一、沟通的含义

沟通是人类传递、交流信息、观点、感情及相关互动活动的过程。在日常生活中，我们会涉及多种沟通情境，例如通过电话与顾客预约、与政府部门代表会谈、查阅报表、撰写年度工作报告、浏览备忘录等。这些情境展示了沟通的广泛应用，不仅仅是语言交流，还包括书面和非语言的交流方式。在管理沟通中，"沟通"一词与传播学中的"沟通"是对应的。该词起源于拉丁语，在英语中演变成现代词形，含义涵盖"通信""会话""交流""交往""交通"和"参与"等。随着社会学和符号学的发展，沟通逐渐被定义为一种社会互动行为，涵盖了符号、象征和意义的传递。20世纪初，一些学者已经自觉地将"传播"作为学术考察的对象。例如美国社会学家库利在1909年的《社会组织》一书中详细论述了沟通，认为它包括一切精神象征及其在空间中得到传递、在时间上得到保存的手段。这奠定了社会学传统的基础。

二、沟通与信息

在信息科学形成之前，人们对于"信息"这一概念的运用较为有限，很少被用于科学研究，常常被视作消息或情报的同义词，指代对某种事物的认识。人们较少使用"信息"这个概念，即使使用，一般也当作消息、情报的同义词，指人们对某种事物的认识。例如，《牛津字典》解释："信息就是谈论的事情、新闻和知识。"《韦氏字典》解释："信息就是在观察或研究的过程中获得的数据、新闻和知识。"日语《广辞苑》解释："信息就是所观察事物的知识。"作为一个科学概念，信息最早出现于通信领域。20世纪20年代，哈特莱在探讨信息传输问题时，提出了信息与消息在概念上的差异，指出：信息是包含在消息中的抽象量，消息是具体的，其中载荷着信息。20世纪40年代，香农和维纳从通信和控制论的角度提出了信息的概念，产生了巨大的影响，信息概念广泛渗透到包括沟通和传播学在内的许多科学研究领域。香农的信息概念是："在人们需要决策之际，影响他们可能的行为选择的概率的物质–能量的形式。"即我们对事物的反应或决策都是基于对事物的认识进行的，任何事物都具有自己的内在属性和规律，这些内在属性和规律通过一定的物质或能量的形式（pattern）表现出来。这些表现形式，如重量、形状、颜色、温度、质感、声音等，便是反映事物内部属性的信息。德国哲学家克劳斯强调了信息的含义，指出信息必须有一定的意义，信息是由物理载体和物理意义构成的统一整体。这一观点深刻地概括了社会信息的本质，表明信息不仅是物质的表达，还包含了丰富的意义和符号。维纳的控制论和信息概念为系统的理论提供了框架，强调了信息反馈在系统控制中的重要性。社会信息作为一种特殊形式的信息，在管理沟通中发挥着关键的作用。信息科学的视角为我们深入理解社会信息的传播和作用提供了丰富的理论基础。社会信息的研究不仅涉及物质的传递，还涉及人类的思想、文化和社会关系等方面，因此，其复杂性和多层次性使得社会信息的研究变得更加丰富和深刻。

三、沟通的内涵

（一）沟通首先是意义上的传递与理解

沟通，作为一种人类社会交往的基础活动，承载着深刻的意义，其核心体现在信息的传递与理解上。这一过程远不仅仅是简单的信息交流，更是构建人际关系、推动组织发展的纽带。在组织中，沟通肩负着重大责任，不仅是传递表面信息，更是传达思想、价值观，推动团队迈向共同目标的关键机制。沟通是意义上的信息传递，其重要性体现在信息的及时、准确传递上。在组织内，各层次之间、部门之间以及个体之间都需要有效的信息传递，以确保团队协同合作、任务迅速高效完成。信息的传递要求清晰明了的表达，以及敏感的接收能力。这涉及沟通者的表达技巧、语言能力，同时也需要接收者具备良好的倾听和理解能力。信息传递的质量直接影响到工作的质量和效率，进而影响整个组织的运作。

沟通是意义上的理解，这意味着信息不仅仅是被动地传递，更需要被主动地接收和理解。在理解的过程中，沟通者需要考虑到不同的背景、文化、语境等因素，以确保信息的准确传达。理解也包含对信息的深层次解读，即理解信息背后的含义、目的和期望。在组织中，理解是推动团队协作的关键，它能够减少误解、提高工作的精准度，使得整个团队在共同的理念下协同合作，共同追求目标。如果信息和想法没有被传递到接收者，则意味着沟通没有发生。也就是说，说话者没有听众或写作者没有读者都不能构成沟通。因此，沟通的成功不仅仅是信息的传递，更需要信息被理解。完美的沟通，如果存在的话，应是经过传递后被接收者感知到的信息与发送者发出的信息完全一致。这种一致并不意味着对方一定要接受自己的观点，而是指信息的传递和接收双方能够达成共同的认知。这种共同认知的建立需要考虑到双方的背景、经验、文化等因素，因为人们对信息的理解往往受到这些因素的影响。因此，在沟通中，双方需要保持开放的心态，愿意去理解对方的观点，并尊重彼此的差异。这种开放和尊重的态度有助于建立积极的沟通氛围，从而促进更有效的信息传递和共同理解。沟通作为信息传递与理解的过程，承担着重要的社会功能。在组织中，良好的沟通不仅仅是任务顺利完成的保障，更是团队凝聚力和组织发展的动力。通过有效的沟通，可以促使团队成员更好地协作，共同追求组织的共同目标。因此，提高沟通能力、注重信息的质量和理解的深度，是组织建设和团队发展中至关重要的一环。

（二）意义的传递是借助于符号进行

符号在沟通中的运用是意义传递的关键，这一过程涉及到语言、符号、信号等各种形式的表达工具。这种符号化的沟通方式不仅在人际交往中广泛应用，也贯穿组织、社会等多个层面。在这个过程中，符号不仅仅是表面的文字、图像，更是承载着深层次含义的交流媒介。语言作为一种重要的符号化工具，是人类沟通的基石。通过语言，人们能够表达复杂的思想、感情、需求等，实现信息的精准传递。语言的表达不仅仅是文字上的沟通，还包括口头语言、非语言语言（如肢体语言、表情等），这些都是意义传递的重要符号。在组织中，有效的语言交流能够带来更高效的工作，减少误解和冲突，促使团队成员更好地理解和协同。符号在组织中的运用不仅仅局限于语言，还包括各种图像、图表、标志等。这些视觉符号能够通过形象生动的方式传递信息，尤其适用于复杂概念和大量数据的表达。在组织的文件、演示文稿、宣传资料中，图表和图像的使用能够提高信息的吸引力和记忆度，使沟通更加生动有趣。符号还包括信号的传递。在组织中，一些非语言的信号，如领导者的行为、组织文化的塑造等，都能够传递深层次的意义。领导者的示范作用、组织价值观的体现等，都是通过行为和文化符号化来影响组织成员，引导他们形成共同理解。信息并不能像有形物品一样由发送者直接传送给接收者。信息的沟通必须经过符号的中介，这意味着沟通也是一个符号化和符号解读的过程。每个人的"信息-符号系统"各不相同，对同一符号（例如语言词汇）常存在不同的理解。因此，沟通的前提条件是，沟通双方拥有共通的意义空间，即传送和接收双方必须对符号意义拥有共同的理解，否则沟通过程可能会受阻，导致传而不通或误解。

共通的意义空间还包括人们大体一致或接近的生活经验和文化背景。忽视沟通双方的"信息-符号系统"的差异可能导致沟通问题。自认为自己的词汇、动作等符号能被对方还原成自己欲表达的信息，是导致不少沟通问题的原因。因此，建立共通的意义空间，理解和尊重差异，是沟通成功的重要前提。这需要沟通双方保持开放的心态，愿意学习对方的符号系统，以促进更加深入和有效的交流。

（三）沟通是在一定社会关系中进行的，又是一定社会关系的体现

沟通作为一种复杂而普遍存在的社会现象，不仅在一定的社会关系中进行，同时也是这些社会关系的体现。在社会中，人们通过沟通来建立、维护和调整各种社会关系，形成了错综复杂的交往网络。这一过程既受到个体的影响，也受到社会结构和文化背景等因素的共同塑造。沟通是社会关系的体现。在任何社会中，个体都处于各种社会关系之中，包括家庭、工作、学校、朋友圈等。而沟通是人们在这些社会关系中进行交流和互动的主要方式。通过言语、行为、表达，个体在社会中传递信息、交换意见、建立情感联系，从而构建和维系各种社会关系。例如，在工作环境中，同事之间通过沟通建立工作关系，领导与下属之间通过有效的沟通维持组织结构的正常运作。社会关系也影响着沟通的方式和内容。不同社会关系中的沟通可能呈现出截然不同的特点。在亲密的家庭关系中，沟通可能更加直接、真实，表达感情更为直接而真诚。而在正式的工作场合，沟通可能更加注重专业性和礼仪，言辞更加谨慎。社会关系的不同决定了沟通的目的、语境和方式，使得沟通在不同场合呈现出多样性。沟通

也在塑造和调整社会结构中发挥着重要作用。有效的沟通有助于协调各种社会关系，解决矛盾和冲突，促进社会的和谐稳定。组织内外的沟通流程和信息传递直接影响着组织的运作效率和内部协调。在更大范围上，社会中的各种组织形式和文化传统都受到沟通的影响，沟通的效果直接关系到社会的运行和发展。沟通产生于一定的社会关系中，这种关系可能是纵向的，也可能是横向的。它又是社会关系的体现，传收双方表述的内容和采用的姿态、措辞等，无不反映着各自的社会角色和地位。社会关系是人类沟通的一个本质属性，通过沟通，人们保持既有的社会关系并建立新的社会关系。

从沟通的社会关系性来说，它又是一种双向的社会互动行为。信息的传递总是在沟通者和沟通对象之间进行的。在沟通过程中，沟通行为的发起人，即沟通者，通常处于主动地位，但沟通对象也不是单纯的被动角色，他可以通过信息反馈来影响沟通者。双向性有强弱之分，但任何一种沟通——无论其参与者是个人、群体还是组织——都必然是一种通过信息的传收和反馈而展开的社会互动行为。这种互动在社会关系的构建和发展中扮演着至关重要的角色，促使社会各个层面的互动更加紧密和协调。

（四）沟通是一种行为，是一种过程，也是一种系统

沟通作为一种行为、过程和系统，涵盖了丰富而复杂的维度，既包括参与者之间的行为表现，又涉及信息的传递与处理，同时还包括了整个系统中的反馈和调整。沟通是一种行为。在沟通过程中，个体通过语言、动作、表情等方式表达自己的思想、感情和意图。这些行为不仅仅是简单的信息传递，更是一种社交和交往的行为。人们通过言语的选择、肢体语言的运用，展示自己的社会角色、身份和情感状态。在不同的场合和社会关系中，沟通行为呈现出多样性和复杂性。沟通是一种过程。沟通不是简单的一次性事件，而是一个连续的过程，包括信息的发送、接收、解码和反馈等多个阶段。在信息传递的过程中，参与者之间会不断调整自己的表达方式，根据反馈调整信息的呈现方式，以达到更好的理解和沟通效果。这个过程是动态的、变化的，需要不断的交互和调整。沟通也是一种系统。在沟通中，参与者之间的关系和信息流动构成了一个复杂的系统。这个系统中包括了信息的源头、传递媒介、接收者，以及他们之间的相互关系。在系统中，各个部分相互联系、相互作用，任何一个环节的改变都可能影响整个系统的运行。因此，理解沟通作为一个系统的特性对于提高沟通的效果至关重要。

行为、过程、系统是人们解释沟通时的三个常用概念，它们从不同角度概括了沟通的一些重要属性。当我们将沟通理解为"行为"的时候，我们把社会沟通看作是以人为主体的活动，在此基础上考察人的沟通行为与其他社会行为的关系；当我们把沟通解释为"过程"的时候，着眼于沟通的动态和运动机制，考察从信源到信宿的一系列环节和因素的相互作用和相互影响关系；当我们把沟通视为"系统"的时候，我们是在更加综合的层面上考虑问题，这就是把沟通看作是一个复杂的"过程的集合体"，不但考察某种具体的沟通过程，而且考察各种沟通过程的相互作用及其所引起的总体发展变化。

（五）沟通的内容是包罗万象的

沟通的内容是包罗万象的，涵盖了广泛而多样的主题和信息。在人类社会中，沟通的内容可以包括但不限于语言文字、图像、音乐、动作、符号等各种形式的信息。这些信息既可以是具体的事实和数据，也可以是抽象的观念、情感和意愿，形成了丰富多彩的沟通内容。语言文字是沟通的主要内容之一。人们通过口头语言或书面文字表达思想、观点、需求等信息。不同的语言和文字承载着不同文化和思维方式，因此语言文字成为文化传承和认知交流的重要工具。在商业、学术、社交等场合，语言文字的精准和恰当使用对于有效沟通至关重要。图像和视觉元素也是重要的沟通内容。图片、图表、图形等视觉元素可以通过直观的方式传达信息，弥补语言文字的局限性。在广告、设计、教育等领域，图像的运用能够更生动地呈现信息，提高信息传递的吸引力和记忆性。音乐和声音是沟通的另一种内容形式。音乐可以表达情感、传递信息，通过旋律和节奏激发听众的情感共鸣。声音的变化和节奏感也是一种有效的情感表达方式，被广泛运用在广播、电影、演讲等领域。动作和肢体语言是非语言沟通的重要内容。人们通过面部表情、手势、姿态等肢体语言传递情感、意愿和态度。在交流中，非语言沟通往往能够起到补充和强调的作用，增强信息的全面性和清晰度。符号和标志也构成了沟通的内容之一。符号是一种特殊的标记，能够代表或指示特定的意义。在交通标志、商标、地图等场景中，符号的运用简化了信息传递的方式，提高了信息的传达效率。这些不同形式的沟通内容相互交织，共同构建了丰富多彩的沟通世界。在不同场景和目的下，人们选择不同的沟通方式和内容，以便更好地传递信息、建立联系、表达情感，推动社会的发展和人际关系的深化。通过综合运用这些沟通内容，社会得以更好地协同合作，个体得以更好理解和融入社会的多样性中。

在沟通中，我们不仅传递消息，而且还表达赞赏、不快之情，或提出自己的意见、观点。这样沟通信息就可分为：①事实；②情感；③价值观；④意见、观点。如果信息接收者对信息类型的理解与发送者不一致，有可能导致沟通障碍和信息失真。在许多误解的问题中，其核心都在于接收人对信息到底是意见观点的叙述还是事实的叙述混淆不清。比如，"小王把脚放在桌子上"和"小王在偷懒"是两个人对同一现象做出的描述，并没有迹象表明第二句是一个判断，但是一个良好的沟通者会谨慎区别基于推论的信息和基于事实的信息——也许小王真的是在偷懒，也有可能这只是他思考问题的一种习惯。另外，沟通者也要完整理解传递来的信息，即既获取事实，又分析传递者的价值观、个人态度，这样才能达到有效的沟通。

四、管理沟通的含义

管理沟通是管理活动中不可或缺的组成部分，也是管理者最为重要的职责之一。这一观点得到了著名管理大师彼得·德鲁克的明确支持，他强调沟通是管理的基本职能。管理者在进行计划、组织、人事管理、部门协调，以及与外界交流等方面都需要进行有效的沟通。良好的沟通是组织效率的保障，因为组织的整体运作需要各部门和成员之间的紧密配合和协调。组织由不同的部门和成员构成，拥有特定的目标和任务。为了实现这些目标，各部门和成员之间必须建立起良好的沟通机制和意识。只有通过良好的沟通，各部门和成员之间才能相互了解、协作，形成团队意识，增强组织目标的导向性和凝聚力，使整个组织能够协同合作，朝着既定目标迈进。管理沟通是为实现组织目标而进行的组织内部和外部的知识、信息传递和交流活动的过程。理解管理沟通需要把握以下四点：

①有目的性，管理沟通是一种有明确目的的活动。虽然所有沟通活动都有自己的目的，但管理沟通的目标更为明确。其目的是为了实现组织目标，因此在整个管理沟通过程中，必须紧密围绕组织目标展开沟通，而不是为了沟通而沟通。②互动性，管理沟通是一个涉及思想、信息、情感、态度等多方面交流的互动过程。这种互动不仅限于对话的层面，还涉及更广泛的相互交流。在这个过程中，沟通的双方可能在语言以外的层面上表达态度和印象，从而形成更为丰富和深刻的互动。③强调理解能力，在一定程度上，管理的本质是发布命令和指示，而管理沟通则是传达信息并通过反馈

核实下属的理解是否正确。管理者需要强调理解能力，确保沟通的信息能够被准确理解。这涉及到沟通者的表达清晰度和接收者的理解能力。④多层面性，管理沟通是一个涉及个体、组织和外部社会多个层面的过程。这包括个体与个体之间的沟通、群体与群体之间的沟通，以及个体与群体、组织内部与外部的沟通。整个组织的运行始终贯穿着信息的流动，管理沟通是确保这一流动顺畅的关键。

在现代组织中，许多活动都以信息和知识为核心，因此，作为信息和知识传播方式的管理沟通将发挥越来越重要的作用。与组织沟通相比，管理沟通更加关注实现组织的有效运行，更注重目标的明确性和效果的达成。因此，管理沟通不仅是一种方式，更是组织成功的关键之一。

五、管理沟通的内涵

（一）信息传递与共享

管理沟通的内涵之一是信息传递与共享。在组织和管理环境中，信息被视为一项宝贵的资源，对于实现组织目标、决策制定和员工协同具有重要意义。管理沟通通过有效的信息传递和共享，促进组织内部的信息流动和理解，从而提高工作效率和组织绩效。信息传递是管理沟通的核心。在组织中，各个层级和部门需要相互传递信息，以确保每个成员了解组织的愿景、目标、战略以及具体工作任务。通过适当的沟通渠道，管理者可以将重要的决策、政策和变化传达给员工，使员工对组织的走向和期望有清晰的认识。与此同时，员工也可以通过反馈渠道将实际执行中的问题和建议传递给管理层，实现双向的信息流动，建立起有效的沟通桥梁。共享信息是管理沟通的关键。在现代组织中，强调团队协作和知识共享已成为一种普遍趋势。管理沟通通过建立透明、开放的沟通氛围，鼓励员工分享信息和经验，促使组织内部的知识得以充分利用。这种共享有助于团队成员更好地理解彼此的工作，避免信息孤岛，提高团队的整体绩效。在信息传递与共享的过程中，管理沟通需要注意以下几个方面：信息的传递需要确保清晰明了，以避免信息歧义和误解。清晰的表达有助于员工准确理解组织的战略方向和工作任务，从而更好地为组织目标努力。信息的准确性也是至关重要的。特别是涉及重要决策和指导性信息时，错误的传递可能导致严重后果。管理者在传递信息时需要确保准确性，避免信息失真。不同的信息可能适合通过不同的沟通渠道传递。有些信息可能适合通过正式的会议、报告进行传达，而有些信息可能更适合通过内部通信工具、团队会议等非正式渠道分享。选择合适的渠道有助于提高信息传递的效率。管理沟通应建立起有效的反馈机制，让员工可以及时回应和提出问题。这有助于发现和解决信息传递中的问题，增强组织对员工的关注和尊重。在信息传递与共享中，需要考虑组织文化和价值观的因素。不同的组织有不同的文化氛围，管理沟通应当与组织文化相契合，以便更好地接受和理解。管理沟通的信息传递与共享是组织顺利运转和实现目标的基础。通过构建良好的沟通机制，使信息在组织内部自由流动，有助于形成协同合作的工作氛围，提高组织的适应性和竞争力。管理者在进行沟通时应注重以上方面的考虑，以确保信息传递的顺畅和共享的有效性。

（二）组织文化传达

组织文化传达是管理沟通中至关重要的一环，它涉及在组织内部传递、弘扬和塑造组织文化的过程。组织文化是组织成员共同分享的价值观、信仰、行为准则和共同体验的总和，它对组织的发展和员工行为产生深远的影响。因此，通过有效的组织文化传达，管理者能够引导员工理解、认同和践行组织的核心价值，从而推动组织朝着共同的目标前进。组织文化的传达需要明确核心价值观和理念。核心价值是组织文化的灵魂和核心，是组织成员共同认同的重要原则和信仰。通过清晰地表达核心价值观，管理者可以引导员工对组织文化形成共鸣，使其在日常工作中能够以这些价值为指导，形成一致的行为准则。通过组织文化传达，管理者需要借助不同的沟通渠道，包括内部培训、员工手册、组织内部网站等，将组织文化的内涵传递给每一位成员。在内部培训中，可以通过案例分享、文化沙龙等方式，使员工更深入地理解组织文化的具体内容。员工手册和组织内部网站则成为了便捷的信息传递平台，使得员工随时随地都能够获取到组织文化的相关信息。管理者还应当通过实际行动和榜样力量来传递组织文化。领导者的言行举止、决策和处理问题的方式，都会对组织文化产生直接的影响。领导者在日常工作中要以身作则，通过实际行动展示和诠释组织文化，使员工能够通过模仿学习，逐渐形成与组织文化一致的行为模式。组织文化传达还需要注重员工参与和反馈。组织文化是一个动态的过程，而不是一成不变的固定形式。管理者可以通过定期的文化沙龙、员工讨论会等形式，鼓励员工分享对组织文化的理解和感悟，促进文化的不断演进和优化。在进行组织文化传达时，需要注意以下几个方面：

①传达的信息要保持一致性，避免因为信息不一致而造成员工对组织文化的混淆和误解。②传达的过程要具备开放性，鼓励员工提出问题和建议，形成更加积极的互动与共鸣。通过故事、案例等形式，让员工在情感上共鸣组织文化，使其更加深刻地理解和认同。③组织文化的传达需要具备及时性，特别是在组织发生重大变化或者制定新的战略方向时，要及时向员工传递相关信息。组织文化传达是管理者引领组织前进的关键手段之一。通过深入挖掘组织文化的内涵，通过多样的方式和渠道进行传达，可以增强员工对组织文化的认同感和凝聚力，为组织的可持续发展奠定基础。

（三）决策解释和沟通

决策解释和沟通在管理中是至关重要的环节，涉及将决策的背后逻辑、原因和影响有效传达给相关利益相关者，以确保决策的理解和支持。在这个过程中，管理者需要注重透明度、清晰度和与利益相关者的有效互动，以促进决策的顺利执行和组织的协同运作。透明度对于建立信任和减少猜疑至关重要。管理者应当在决策解释中主动分享决策制定的原因、信息来源、利弊权衡等方面的信息，让利益相关者充分了解决策的背后逻辑。透明的决策解释能够提高员工对决策的信任度，减少信息不对称带来的不安定因素。决策解释需要注重清晰明了，避免过于专业术语和复杂的表达方式。将复杂的决策逻辑简化、明确地呈现给利益相关者，有助于更广泛地获得支持和理解。清晰的解释还有助于避免信息失真和误解，确保决策信息的准确传达。决策解释需要考虑到不同利益相关者的需求和背景。不同的人群对于决策的关注点和关心的问题可能有所不同。因此，在解释决策时，要根据不同利益相关者的特点，调整沟通的重点和方式，以确保信息对各方都是有意义和有价值的。决策解释要注重双向沟通。不仅要向利益相关者传达决策的信息，也要倾听他们的反馈和疑虑。通过双向沟通，管理者能够更好地理解组织内外的动态变化，及时调整决策，并在实施过程中更好地回应各方的关切。在决策解释中，可以采取以下一些具体的做法：在制定决策时，同时考虑如何进行决策解释。制定沟通计划，明确解释的时间点、渠道、受众等关键因素。利用不同的沟通渠道，包括会议、内部通告、邮件、社交媒体等，以确保信息传达的全面性和广泛性。在进行决策解释之前，提前做好充分的准备工作，包括搜集相关数据、了解利益相关者的关切点等。对于需要进行决策解释的相关人员，进行必要的培训，使其具备更好地理解和传达决策的能力。决策解释和沟通是管理中不可或缺的一环，它直接影响到组织内外对决策的认同度和执行效果。通过透明、清晰、双向的决策解释，管理者能够更好地引导组织朝着共同目标前进。

（四）问题解决与反馈

问题解决与反馈在管理沟通中占据着重要的位置，它涉及到及时解决问题、收集反馈意见、优化管理流程等方面，对于组织的持续改进和成长至关重要。问题解决是指在管理沟通过程中，当出现阻碍信息传递、理解和执行的问题时，及时采取有效措施予以解决。问题的出现可能涉及到沟通渠道不畅、信息传递不准确、决策执行不到位等方面。管理者在面对问题时应具备快速定位问题、分析问题原因和采取有效解决方案的能力。问题解决的关键在于迅速反应，避免问题扩大化，确保沟通的顺畅进行。反馈是指收集并回应来自各方的信息、意见和建议。在管理沟通中，及时了解员工、合作伙伴、客户等各方的反馈信息，有助于发现问题、改进管理方式、提高工作效率。有效的反馈机制可以通过定期的沟通会议、员工调查、投诉处理渠道等方式建立起来。管理者需要主动倾听各方的声音，对反馈信息进行及时分析和整理，并据此采取相应的改进措施。在问题解决和反馈的过程中，需要关注以下几个方面：①定期组织各级别的沟通会议，通过会议平台收集各方面的问题和反馈意见。在会议上可以进行问题讨论和解决方案的制订，实现问题的及时解决。②利用现代科技手段，建立在线反馈渠道，包括电子邮件、在线调查问卷、企业内部社交平台等。这些渠道可以提供一个便捷的方式，让员工和其他利益相关者随时随地提出问题和反馈。③设立专门的问题解决团队或负责人，负责收集、分析和解决问题。这有助于问题的专业性处理，提高问题解决的效率。④设立反馈评估体系，对反馈的有效性和问题解决的成效进行评估。通过数据分析和绩效评估，不断改进反馈机制和问题解决的流程。在问题出现时，要能够迅速做出回应，向相关方通报问题的原因和解决方案，并在必要时采取紧急措施，防止问题扩大化。问题解决与反馈的有效实施有助于构建一个良好的沟通环境，提升组织的协同能力和执行效果。管理者在面对问题和反馈时，应当以开放、积极的态度对待，将其视为改进和学习的机会，推动组织不断优化和进步。

（五）人际关系建设

人际关系建设是组织中至关重要的一环，直接关系到团队的凝聚力、工作效率以及员工的工作满意度。在管理沟通中，人际关系建设的内涵包括了相互尊重、有效沟通、信任建立等多个方面，以下将对这些方面进行详细的论述：①相互尊重是人际关系建设的基础。在组织中，每个成员都是独一无二的个体，拥有自己的经验、技能和观点。相互尊重意味着充分认可和尊重每个人的贡献和价值，不论其在组织中的职位高低。尊重是建立良好人际关系的前提，也是构建团队合作氛围的基石。②有效沟通是人际关系建设的重要手段。有效沟通需要双方都具备良好的倾听和表达能力。管理者应鼓励团队成员畅所欲言，同时也要善于倾听员工的意见和建议。通过沟通，可以更好地理解彼此的期望、需求和工作方式，减少误解和矛盾，从而建立起更加紧密的人际关系。③信任建立是人际关系建设的核心。信任是基于相互理解、尊重和共同目标的基础上建立起来的。管理者需要通过言行一致、履行承诺、公正公平等方式树立良好榜样，以赢得团队成员的信任。在信任的基础上，人际关系能够更加稳固，团队的协作效果也会更为显著。④团队活动和社交活动也是人际关系建设的有效途径。通过组织各种团队建设活动、座谈会、聚餐等社交活动，可以拉近团队成员之间的距离，培养大家的集体荣誉感和凝聚力。这些活动既可以是工作中的团队建设，也可以是轻松愉快的社交交流，有助于打破冰冷的工作氛围，促进团队成员更好地了解和信任彼此。⑤透明的组织文化和良好的人际关系政策也对人际关系建设至关重要。组织应该倡导开放、透明的文化，鼓励员工提出问题和建议，消除信息的不对称。同时，建立健全的人际关系政策，包括公平的晋升机制、奖惩制度等，确保每个成员在组织中都有平等的机会，不受歧视和排斥。人际关系建设是一个渐进的过程，需要管理者和团队成员共同努力。通过相互尊重、有效沟通、信任建立、团队活动等多种手段，可以在组织中建立起积极向上、和谐融洽的人际关系网络，为团队的高效运作和员工的职业发展创造良好的环境。

第二节　管理沟通的理论基础

一、管理沟通概述

"企业管理过去是沟通，现在是沟通，未来还是沟通。管理者的真正工作就是沟通。"管理沟通究竟具有什么作用呢？有学者认为："管理者的最基本功能是发展与维系一个畅通的沟通管道。"信息在组织中的流通是确保各部门协同工作的基础。管理沟通通过加强信息共享，打破"信息孤岛"，使得各部门之间能够顺畅地传递信息，实现部门协调和资源优化。组织成员通过管理沟通可以加深理解，互相尊重，形成融洽的工作关系。良好的人际沟通关系对组织的发展至关重要。研究表明，因人际沟通不良导致工作不称职者占82%。因此，通过管理沟通，成员之间能够更好地协调合作，为实现公司愿景、部门目标和个人职业生涯发展共同努力。管理沟通有助于形成平等开放的工作氛围，使员工具有"主人翁"的责任感和参与度。通过有效的沟通，员工被激发出更高的士气和潜能，他们愿意提出问题并在沟通中积极寻找解决方案。例如，一些公司实行开放式的反馈机制，让员工随时提出建议和问题，增强员工的参与感。管理沟通被归纳为"润滑剂""黏合剂"和"催化剂"：沟通在组织中起到润滑作用，消除信息传递的阻力，使得工作流程更加顺畅；良好的沟通将组织成员黏合在一起，形成更加紧密的团队，有助于共同实现组织的目标；沟通能够催化问题的解决和创新的发生，推动组织朝着更好的方向不断前进。管理与沟通紧密相关，良好的沟通能够提高管理的效率和有效性。在现代企业中，面对快速变化的市场和激烈的竞争，强调管理沟通已成为推动组织成功的关键因素。通过不断加强沟通，组织能够更好地适应外部环境的变化，激发内部成员的潜力，实现组织的可持续发展。

二、影响管理沟通的主要因素

（一）组织内部环境

组织内部环境是管理沟通效果的重要因素，其中包括组织结构、组织文化和组织沟通氛围等方面。以下将从这三个方面详细讨论组织内部环境对管理沟通的影响。

1. 组织结构的影响

职能型组织：这种传统的组织结构在管理沟通方面具有明确的指挥结构，每个部门都有直接的上级领导。这有助于提高组织的执行效率，减少信息传递的时间延迟。然而，其弱点在于管理者可能在特定范围内难以履行职责，且不同职能部门之间的矛盾可能导致整个组织目标的支离破碎。矩阵型组织：矩阵结构创建了双重命令链，使得项目经理和部门管理者都需要协调共管资源的使用。这要求对任务和目标的一致性达成共识。虽然矩阵型组织在协调多项目方面表现出色，但也带来了新的沟通问题，对管理者提出更高的沟通要求和挑战。团队型组织：团队型组织通过工作团队或工作小组实现组织结构，具有高效、灵活和协同的特点。在这种结构中，成员之间需要具备较高的沟通意识和能力，以便更好地协调合作。团队成员的参与程度高，需要良好的沟通与协调氛围。无边界型组织：无边界型组织消除了内部和外部的边界障碍，具有高度的灵活性和快速应对能力。这种组织形式对管理沟通提出更高的要求，需要有效的沟通机制来应对内部成员和外部利益相关者之间的复杂关系。

2. 组织文化的影响

强调沟通的文化。如果组织文化强调开放、透明和鼓励员工沟通，那么管理沟通将更加顺畅。员工在这样的文化氛围中更愿意分享信息和意见，有利于问题的及时发现和解决。抵制沟通的文化。相反，如果组织文化倾向于保密、封闭，或者存在信息层级的问题，那么管理沟通可能受到限制。员工可能不愿意分享信息，导致信息的滞后和误传。

3. 组织沟通氛围的影响

在一个鼓励沟通和反馈的氛围中，员工更有动力分享信息、提出问题，并参与决策过程。这有助于提高组织的适应性和员工的满意度。如果组织存在恶劣的沟通氛围，员工可能会感到不安、不信任，导致信息不畅通，问题得不到及时解决。这会影响组织的效率和绩效。组织内部环境对管理沟通有着深远的影响。不同的组织结构、文化和沟通氛围将塑造组织中信息流动和沟通的方式，直接影响到组织的协同能力、员工的参与度以及问题的解决效率。因此，建立积极的组织文化和沟通氛围，以及选择适合组织需要的结构，对于提高管理沟通的效果至关重要。

（二）组织文化

一般来说，组织是指在共同目标下人员的集合。组织因为人与人之间无意识表现出来的不同交流方式、不同处事风格甚至不同生活习惯而各显不同。例如，与下属谈话或在上级面前表现出的语言和非语言行为；与朋友寒暄或与陌生人打招呼的方式；甚至各自的饮食习惯等。这些无意识的行为方式所表现出来的差异即可显现出不同的文化。通常，人们只有在自己的行为与其他文化下的行为发生冲突时才会意识到自己的文化。当然，组织文化范畴不仅限于此，组织文化是一个组织内共有的理念、信仰、价值观和习惯体系，该体系与正式组织结构相互作用形成行为规范，是用来解决问题以及完成组织目标的行为标准，即组织文化统领诸多方面，如公司倡导什么，如何进行资源配置，如何设计组织结构，雇用什么人员，如何进行绩效评估，执行何种报酬体系等。显然，组织文化将会影响组织成员包括沟通方式在内的未来行为。事实上，当人们刚进入一个新组织时，就会敏感地意识到新的组织文化的差异。不过随着时间的流逝，这些差异的感受将会日渐淡化，甚至不再被人们意识到。组织规模越大，多重文化存在的可能性就越大。因此，注重组织文化建设，促进跨文化交融，是保持有效管理沟通的基本保障。组织文化的建设与推广离不开管理沟通，管理沟通的开展也与开明、积极、向上的组织文化息息相关。管理沟通是传播与倡导组织文化的重要工具，但是，如果一个组织没有一种良好的学习与合作的文化氛围，管理沟通就难以开展。

（三）组织沟通氛围

在组织中，沟通氛围是展示组织文化的行为模式的最直接表现之一，对管理沟通产生深远的影响。组织的沟通氛围主要分为封闭式和开放式两种，而这两种氛围直接塑造了组织成员的交流方式、信息流动以及整体沟通效果。

封闭式沟通氛围下，人们在交流中带有防御意识，谨小慎微地表达自己。这种氛围中，言辞间充满谨慎，人们容易感到紧张和焦虑。在这种氛围中，沟通常受情绪左右，人们的理性思考能力被削弱，尤其是在面临威胁时，个体可能会表现出退缩和攻击性。这种防御性的态度导致信息容易被误读，动机容易被歪曲，沟通效果大打折扣。在封闭式沟通氛围中，人们不敢表达真实想法，总是警觉可能存在的威胁，这导致组织成员之间难以建立坦诚而积极的交流。对方的任何细微的语言、动作、表情都可能引起紧张和误解。因为组织成员担心可能的威胁，沟通常常变得迂回、隐晦，难以达到真实的信息传递和理解。

相反，在充满开放式沟通氛围的组织中，鼓励广泛而坦诚的交流。组织内部流动着包容与激励的气氛，容许错误，鼓励创新。这种氛围的核心是允许组织成员在不受惩罚的情况下分享意见和观点，创造了一种安全感和尊重感。在开放式沟通氛围中，组织成员感受到被鼓励去表达自己的观点，因此更愿意分享想法和提出问题。这种氛围中的人们不必过分担忧因为言辞不当而受到惩罚。相反，他们在陈述观点时感到非常安全，体验到与他人分享观点所带来的愉悦。

封闭式沟通氛围下的文化，在这种沟通氛围下，组织文化往往更趋向于保守、谨慎。组织成员可能更难以适应变革和创新，因为他们对于外界信息的接受程度有限。这种文化可能导致组织内部的僵化和缺乏创造力。开放式沟通氛围下的文化则相反，开放式沟通氛围助推着积极、创新的组织文化。组织成员更倾向于接受新观念和方法，因为他们感受到组织对不同意见的欢迎。这种文化激发了员工的创造性思维和团队合作，有利于组织的持续发展。沟通氛围对组织文化有着深刻的塑造作用。一个开放、包容的沟通氛围能够培养积极的组织文化，推动创新和协同工作。相反，封闭的沟通氛围则可能导致保守、僵化的文化，制约组织的发展。因此，组织应当重视并创造一种积极向开放的沟通文化，以促进组织的长期繁荣。

（四）组织外部环境

外部环境是组织运行不可忽视的重要因素，通常包括具体环境和一般环境两个层面。这两个层面的特点在于其复杂性和多变性，这两者共同构成了外部环境的不确定性。具体环境包括了直接与组织有业务联系的相关组织，如顾客、竞争者、供应商、投资与融资机构、行业协会和政府部门等。这些组织对于组织的生存和发展有着直接的影响。具体环境的不确定性主要表现在其复杂性上。不同组织构成要素的相互作用和影响使得具体环境变得复杂多样。为了适应这种复杂性，组织需要建立灵活的沟通机制和协调体系，以便更好地与这些组织进行合作和竞争。复杂性也体现在具体环境对组织结构的影响上。随着环境的复杂性增加，组织通常需要更多的职位与部门来应对不同的业务需求，导致组织结构的复杂性增加。然而，为了更好地应对外部环境的变化，组织在结构上可能会减少集权化程度，强调分权和灵活性，以便更好地适应不断变化的外部要求。

一般环境包括了经济、技术、政治、社会、法律、文化和自然资源等要素。这些要素对组织的影响更为广泛和深远。一般环境的不确定性主要体现在其多变性上。不同要素之间的相互作用和不断变化使得一般环境更加多变，其变化的可预见性相对较低。多变性对组织提出了更高的应变要求。当环境变化的可预见性较高时，组织可以依据规章制度来进行规范和约束成员的行为。然而，当可预见性降低时，组织需要具备更大的适应性。这要求组织具有弹性机制和柔性管理的模式，能够快速调整战略、业务流程和团队结构，以适应外部环境的快速变化。外部环境的不确定性主要来自具体环境的复杂性和一般环境的多变性。组织需要在这种不确定性中保持灵活性和敏捷性，通过建立良好的沟通渠道、灵活的组织结构和战略调整机制，以便更好地适应外部环境的变化。同时，组织还需要不断学习和创新，以保持对不断变化的外部环境的适应性和竞争力。

三、管理沟通的基础理论

（一）系统理论

系统理论在管理沟通中的应用强调了组织的整体性和相互关联性。组织被看作一个复杂的系统，由各种相互作用和相互影响的部分组成。在这个系统中，管理沟通被视为一个关键的要素，通过有效的信息流动和反馈来维持组织系统的平衡和稳定。系统理论强调组织的整体性。组织不是简单地由独立的部门和个体组成，而是一个有机的整体，各部分之间相互关联、相互作用。在管理沟通中，这意味着管理者需要考虑到沟通对整个组织的影响，而不仅仅是某个部门或个体。系统理论强调信息流动的重要性。在一个系统中，信息是连接各部分的纽带，而沟通是信息流动的途径之一。管理者需要确保信息能够顺畅地在组织内部流动，以保持系统的协调和运作。系统理论注重反馈机制。组织内部的各个部分通过沟通反馈机制能够及时获取信息，从而调整和适应变化。管理者需要建立有效的反馈机制，以便了解组织内部的问题和需求，并采取相应的措施。在实际应用中，系统理论引导管理者将沟通视为整个组织运作的一个关键环节。管理者需要关注组织内部各部分之间的信息流动和相互作用，通过沟通确保整个系统的协调和稳定。系统理论的理念有助于管理者更全面、系统地理解和处理管理沟通的复杂性，提高组织的适应性和创新能力。

（二）信息传播理论

信息传播理论涵盖了多个模型，其中香农与韦纳的信息传播模型是其中一个重要的理论框架。这些理论关注的是信息在传递过程中涉及的要素，强调了发送者、信息、媒介、接收者之间的关系。在管理沟通中，这些理论为分析和改进信息传递的效果提供了有力的工具。香农与韦纳的信息传播模型强调了信息传递是一个复杂的过程，涉及多个要素。发送者是信息的来源，信息是传递的内容，媒介是信息传递的通道，接收者是信息的目标。理解这些要素之间的关系对于优化沟通过程至关重要。这些理论强调了媒介的重要性。媒介不仅是信息传递的通道，还影响着信息的传递方式和效果。在管理沟通中，选择合适的媒介可以提高信息的可理解性和接受度，从而更好地达到沟通的目标。信息传播理论注重接收者的角色。理解接收者的特点、需求和背景有助于调整信息的呈现方式，以提高信息的吸引力和有效性。在管理沟通中，考虑接收者的角度有助于确保信息更好地被理解和接受。这些理论框架提供了在管理沟通中进行深入分析的工具，有助于识别潜在的沟通问题并制定相应的改进措施。通过运用信息传播理论，管理者能够更系统地思考和规划沟通策略，以提高信息传递的效果，促进组织内部的协调和合作。

（三）管理学理论

管理学理论涵盖了广泛的领域，为组织和领导管理提供了多方面的框架。这些理论包括领导风格、组织结构、决策过程等方面的理念，为管理者提供了指导，帮助他们更好地应对沟通挑战、发挥领导作用，并有效组织协调。领导风格理论是管理学中的一个重要分支，关注领导者在组织中的行为和风格。例如，赫茨伯格的双因素理论强调了领导者需要关注员工的激励和满意度，通过提供良好的工作条件和激励机制来推动员工的积极表现。在管理沟通中，领导者的风格直接影响着沟通氛围和员工参与度，因此理解并运用领导风格理论对于构建积极的沟通环境至关重要。组织结构理论关注如何设计和构建组织的框架以实现有效的管理。例如，门罗的行政理论提出了不同类型的组织结构，如职能型、事业型、矩阵型等，以适应不同组织的需求。在管理沟通中，合理的组织结构可以促进信息流动，降低层级间的沟通阻力，从而提高沟通效率。决策理论强调了决策在管理过程中的关键作用。西蒙的"有限理性"理论指出，决策者在信息有限和时间有限的条件下进行决策，这对于理解管理沟通中的信息处理和决策过程具有重要意义。理解决策理论有助于管理者更好地应对沟通中的信息不确定性和复杂性。这些管理学理论为管理者提供了在不同情境下制定沟通策略的思考框架，使其能够更系统地理解和应对组织内的管理和沟通挑战。通过运用这些理论，管理者能够更好地规划和执行沟通活动，促进组织的协调和发展。

第三节　管理沟通的基本类型

一、垂直沟通

垂直沟通是管理沟通的一种基本类型，指的是在组织结构中不同层级之间进行的信息传递和交流。这种沟通方式涉及上级到下级、下级到上级以及同级之间的沟通。垂直沟通在组织中起到了连接不同层级、协调工作、传递指令和反馈信息的重要作用。垂直沟通是上级向下级传递信息和下达指令的主要途径。上级通过这种方式向下级传达组织的目标、任务、政策等重要信息，确保整个组织在同一方向上协调一致地前进。除了信息传递，垂直沟通还提供了下级向上级反馈工作进展、报告问题和提出建议的机会。这种双向的信息流动有助于上级更好地了解组织内部的实际情况，及时调整决策和解决问题。垂直沟通有助于不同层级之间的协调，确保各个层级在工作中保持一致。通过及时的信息传递，上下级能够了解彼此的工作进展，避免出现工作上的偏差和不协调。组织中的重要决策通常由上级制定，通过垂直沟通传递给下级执行。这种方式确保了组织决策的迅速执行，提高了组织应对变化和挑战的能力。级可以通过垂直沟通向下级传递激励、表扬和奖励，激发员工的积极性和工作热情。同时，员工也可以通过这种方式向上级反馈自己的工作成绩、需求和困难，实现双向的交流。垂直沟通是传递组织文化的重要途径。上级通过向下级传递组织的价值观、使命和愿景，塑造组织的文化氛围，促使员工形成共同的价值观念。通过垂直沟通，组织可以优化信息流动的效率，确保信息能够在组织内迅速传递，避免信息滞后和误传，提高工作效率。垂直沟通在管理沟通中扮演着至关重要的角色。它建立了组织内不同层级之间的沟通桥梁，有助于组织实现更有效的运作，提高工作效率，推动组织的发展。因此，组织需要重视和优化垂直沟通的机制，确保信息在组织内各层级之间流动畅通，达到组织整体协调和协同的目标。

二、水平沟通

水平沟通是指在组织中同一层级的成员之间进行的信息传递和交流。这种沟通方式强调团队协作、知识共享和问题解决，促进组织内部的横向合作。水平沟通不同于垂直沟通，它跨越了不同职能和部门之间的界限，有助于构建更加灵活和高效的工作关系。水平沟通鼓励同一层级的成员之间进行开放、频繁的沟通，促进团队协作。成员可以分享彼此的经验、知识和技能，从而提高整个团队的绩效和创造力。在水平沟通中，成员可以共同讨论和解决工作中的问题，推动创新和改进。通过集思广益，团队可以更快速地应对挑战，找到更有效的解决方案。水平沟通有助于打破组织内层级之间的隔阂，使信息能够更迅速地传递。这有助于减少决策层级，提高组织的灵活性和响应速度。水平沟通可以激发员工的参与感和归属感。成员在平等的交流中感到被重视，能够更自由地表达意见，从而激发团队的凝聚力。在大型组织中，不同部门之间的协作关系对于整体运作至关重要。水平沟通帮助不同部门的成员建立联系，促进跨部门的合作与协调。水平沟通有助于减少信息滞后和误传，提高工作效率。成员能够更直接地获取所需信息，避免信息流通中的阻碍。通过水平沟通，成员之间能够建立更为紧密的工作关系。这有助于缓解工作中的紧张氛围，提升整体的工作氛围。水平沟通提供了一个学习的平台，使成员可以从其他同事的经验中获益。这有助于促进员工的个人发展和职业成长。水平沟通在组织中扮演着关键的角色，为团队的协作、创新和发展提供了有力支持。通过加强水平沟通，组织可以建立更加灵活和高效的工作机制，使成员更好地共同努力，实现共同的目标。因此，组织需要注重水平沟通的培养和促进，以创造更为健康和积极的工作环境。

三、对外沟通

对外沟通是指组织与外部利益相关方（如客户、供应商、投资者、媒体、社会公众等）之间进行的信息传递和互动过程。在当今复杂而竞争激烈的商业环境中，对外沟通对于组织的声誉、形象和业务发展至关重要。对外沟通是组织建立和塑造品牌形象的重要手段。通过向外界传递积极正面的信息，组织能够树立良好的品牌形象，提高在市场中的知名度和声誉。对外沟通是与客户之间建立和维护良好关系的关键。有效的对外沟通可以满足客户需求，增强客户对组织的信任感，促使客户与组织建立长期合作关系。组织需要通过对外沟通向投资者传递有关企业业绩、战略规划和未来发展方向的信息。良好的对外沟通有助于增加投资者信心，吸引更多的投资和支持。对外沟通在建立和维护与合作伙伴之间的关系中起到关键作用。通过及时分享信息，组织能够与合作伙伴保持高效的合作，实现互利共赢。在现代社会，组织的社会责任意识越来越受到关注。通过对外沟通，组织可以向公众传达其在社会责任方面的努力和成果，建立良好的企业公民形象。当组织面临危机或负面舆情时，对外沟通是及时回应和管理危机的有效手段。通过透明、及时地传递信息，组织能够降低负面影响，维护声誉。组织需要通过对外沟通向外部传达其对法规合规的重视和遵守情况。这有助于建立良好的法治形象，避免法律风险。市场竞争与差异化，通过对外沟通，组织可以向市场传递自身的独特价值、创新能力和优势特点，从而在竞争激烈的市场中脱颖而出。对外沟通不仅是对外部利益相关方的传递，也包括对内部员工的沟通。通过分享组织的成就和发展计划，能够激发员工的归属感和工作动力。外沟通是组织与外部环境保持联系、建立信任、推动发展的重要手段。有效的对外沟通不仅能够提升组织的形象和声誉，还能够促进业务发展、赢得市场份额，为组织在竞争激烈的商业环境中取得成功奠定基础。因此，组织应当注重对外沟通策略的制定与执行，确保信息传递的准确性、透明度和一致性，以实现与外部利益相关方的良好互动。

四、正式沟通

正式沟通是组织内部以正式渠道进行的信息传递和交流的过程。这类沟通通常遵循预先设定的规则和程序，用于传递组织中具有正式权威的信息、决策和指示。层级结构与权威性：正式沟通通常沿着组织的层级结构进行，遵循上下级的关系。信息的传递和接收通过预定的正式渠道，具有明确的权威性，能够确保信息的准确传达和执行。信息的明确性和正式化：正式沟通的信息通常更为正式、明确，并采用正式的语言和格式。这有助于避免歧义，确保信息的一致性，提高组织内部信息传递的效率。决策与指示的传达：组织内的重要决策、战略规划和指示通常通过正式沟通进行传达。这确保了关键信息能够及时传递到每个层级，使整个组织在执行时保持一致性。组织文化和价值观的弘扬：正式沟通是传递组织文化、价值观和愿景的有效手段。组织通过正式渠道传达对员工的期望、价值观念，促使员工更好地理解和认同组织文化。人力资源管理：正式沟通在人力资源管理中扮演着重要角色，包括招聘信息的发布、员工绩效评估和培训计划的传达等。这有助于确保员工能够清晰地理解和履行各项工作职责。组织结构和职责的明确：正式沟通有助于传达组织的结构和各部门的职责，使员工明确自己在组织中的位置和工作职责，促进组织的有序运作。法规合规信息的传递：关于法规合规方面的信息，如安全规定、劳动法规等，通常通过正式沟通进行传递，确保组织成员了解并遵守相关法规。绩效管理与评估：正式沟通是绩效管理体系中的重要环节，包括绩效目标的设定、评估标准的说明和绩效反馈的传达。这有助于员工明确个人目标和组织期望，提高绩效水平。项目管理和进度报告：在组织进行项目管理时，正式沟通用于传达项目计划、进度报告和决策结果。这确保了项目组的成员了解项目状态，有助于项目的顺利进行。危机管理与应急通知：在危机事件发生时，正式沟通是传达危机信息、制订应急计划和组织应急响应的关键途径。这有助于组织在危机中迅速做出反应。正式沟通在组织内部发挥着至关重要的作用，能够确保信息的传递和执行有序、高效。通过建立健全的正式沟通机制，组织能够更好地实现决策的有效传达、人力资源的合理管理以及组织文化的塑造。

五、非正式沟通

非正式沟通是指在组织内部自发发生、不受正式渠道限制的信息传递和交流过程。这种沟通形式通常基于人际关系、个体需求和社交环境，发生在工作场合之外或组织层级之外。非正式沟通更多地建立在个体之间的互动和人际关系上。员工之间因为工作之外的共同兴趣、友谊等建立的关系，促使信息在组织内部以非正式的方式传递。非正式沟通中情感因素的影响较大，员工更容易表达个人感受、情绪和看法。这有助于建立更为真实、亲密的工作氛围，提高员工的归属感和满意度。非正式沟通是自发自由的，不受预定的规则和程序限制。员工能够更灵活地选择沟通的方式和对象，更自由地表达意见和建议。非正式沟通中的信息形式更加多样化，不仅包括文字传递，还包括口头表达、非语言沟通等。这样的多样性有助于更全面地传递和理解信息。由于非正式沟通不受正式程序的限制，信息能够更快速地传递。这在需要迅速响应的情况下特别有用，有助于组织更及时地做出决策和调整。非正式沟通有助于促进社交关系的发展。员工通过非正式的交流活动，增进对彼此的了解，建立更为紧密的团队合作关系。组织文化和价值观常常通过非正式沟通传达得更加生动和贴切。员工在非正式场合更容易理解和接受组织的文化理念。非正式沟通有助于促进创新和知识的共享。员工在非正式场合更愿意分享经验和见解，推动组织学习和进步。在非正式沟通中，员工更愿意通过面对面的方式解决问题和冲突。这种直接沟通的方式有助于及时解决困难，避免问题进一步升级。由于非正式沟通更加灵活，员工更容易适应变化，信息能够迅速在组织内传递，有助于员工更快速地适应新的工作环境和任务。虽然非正式沟通在许多方面都具有积极的作用，但也需要注意其可能存在的负面影响，如传递的信息不准确、不完整等。因此，组织在管理非正式沟通时需要保持适度的干预和引导，以确保信息的有效传递和组织目标的达成。

六、跨文化沟通

跨文化沟通是指在不同文化背景下进行的信息交流和理解过程。在今天日益全球化的社会中，组织内外的成员可能来自不同的国家、地区，拥有不同的文化背景、价值观和沟通方式。跨文化沟通面临着挑战，但也提供了丰富的学习和合作机会。跨文化沟通涉及到不同国家、地区的文化差异。这包括语言、习惯、信仰、价值观等方面的多样性。了解并尊重这些差异是成功跨文化沟通的关键。不同文化往往使用不同的语言，即使使用相同语言的人也可能存在口音、表达方式的差异。语言障碍可能导致误解和沟通不畅，因此需要关注语言的准确性和清晰度。在跨文化环境中，非语言沟通的重要性更加凸显。身体语言、面部表情、姿势等非语言元素可能因文化差异而产生不同的解读，因此需要谨慎处理。成功的跨文化沟通需要具备文化敏感度，即对他人文化的理解和尊重。避免对其他文化的偏见和刻板印象，积极倾听并学习对方的文化背景。在跨文化团队中工作需要有效的沟通和协作。了解团队成员的文化背景，设立共同的目标，并建立一种尊重和包容不同文化的团队文化。跨文化沟通中可能发生文化碰撞，即由于文化差异引起的冲突或误解。处理文化碰撞需要耐心、理解和灵活性，以寻找共同的解决方案。跨文化沟通需要具备适应性和灵活性，能够根据不同的文化环境调整沟通方式。这包括调整语速、语调、表达方式等。跨文化沟通促使个体培养多元思维的能力，从不同文化角度看待问题，拓宽思维边界，促进创新和解决问题的多样性。跨文化沟通对全球领导力提出了更高的要求。全球领导者需要具备跨文化敏感度、全球意识和跨文化沟通的技能，能够在多元文化环境中有效领导团队。跨文化沟通是一个不断学习的过程。面对不同的文化，保持谦逊、开放的心态，愿意不断学习和调整自己的沟通方式是取得成功的关键。跨文化沟通是一项复杂而又有挑战性的任务，但通过理解文化差异、提高文化敏感度，并运用有效的沟通策略，个体和组织可以在跨文化环境中取得良好的沟通效果，推动合作和发展。

第四节　管理沟通的地位和作用

一、管理沟通的地位

（一）管理沟通是创造和提升企业精神和企业文化，完成企业管理根本目标的主要方式和工具

企业文化是企业经营管理过程中提倡或形成的独特价值观和行为规范，其内容主要包括企业成立的宗旨或企业使命、企业精神、企业经营哲学、企业价值观、企业人文氛围、企业规章制度、企业历史传统、企业工作规范等。文化是一个大的概念，什么都可以称为文化，但对于企业来讲，企业的宗旨使命、企业精神、企业经营哲学和人文氛围是其最重要的核心内容。

管理沟通是塑造和提升企业精神和企业文化的主要方式和工具。在现代企业管理中，沟通不再仅仅是信息传递的手段，更是一种战略性的活动，是建设企业精神和文化的重要途径。管理沟通通过有效的信息传递，创造共享的愿景和价值观，从而塑造企业精神。领导者通过清晰的沟通，将企业的使命、愿景和核心价值观传达给员工，使他们产生认同感和归属感。这种共同理解和认同形成了企业的核心精神，激发了员工的责任心和使命感，推动企业朝着共同的目标努力。管理沟通是构建企业文化的重要手段。通过沟通，企业能够在员工中树立一种共同的文化认同，形成共享的价值观和行为准则。这有助于形成积极向上的企业文化，推动组织内部良好的合作氛围。管理者通过不断强调文化核心价值观，引导员工形成一致的文化认同，使企业文化成为员工行为和决策的指导原则。在企业文化中，管理沟通还可以成为价值观传承和传统延续的纽带。通过沟通，管理者能够向新员工介绍企业的历史、传统和成功故事，使他们更好地融入企业文化。同时，通过沟通，管理者能够及时传递文化调整的信息，引导员工适应变化，保持企业文化的生命力。管理沟通还是企业管理根本目标的实现途径。企业的管理目标通常包括提高组织效率、实现战略目标、促进团队协作等。有效的管理沟通有助于消除信息壁垒，确保战略目标的清晰传达，协调各部门之间的工

作，提高组织的运作效率。通过频繁和及时的沟通，管理者能够更好地了解员工需求和反馈，促进员工积极参与，从而实现企业管理的根本目标。管理沟通不仅是信息传递的手段，更是创造和提升企业精神和企业文化的核心工具。通过清晰、透明、频繁的沟通，企业能够建立起共同的愿景、价值观和行为规范，为员工提供强大的精神支持，推动企业不断发展壮大。管理沟通是实现企业长远目标的重要路径，是管理者在引领企业走向成功道路中的得力助手。

（二）管理沟通是提升企业战略执行力的基础

战略管理通常包含战略制定、战略实施与战略评价三个部分。战略制定，通常是企业的高层领导和其主要部门之间通过分析进行的决策；战略实施，需要大量的企业内部和外部资源，一般需要三到五年。企业战略是企业长期的发展方向，影响着企业的发展和繁荣，在企业中起着很重要的作用。战略执行力受多种因素的影响，其中的一个重要方面就是沟通。企业内的信息沟通系统好像人体内的神经系统，既能够将企业运行所需要的信息反馈到企业的战略层面，为企业战略制定提供依据，同时也能够将企业的愿景、战略意图、管理者的指令反馈到企业实施操作层面，为短期经营决策提供依据，从而使战略制定和战略执行形成一个闭环。信息沟通系统对提升企业战略执行力的意义并不仅仅局限于这一点，一个良好的信息沟通系统对企业组织内部、企业组织与组织之间知识的分享、应用和转移，将员工个体知识集聚为企业整体的知识有着极为重要的作用。通过有效沟通，企业可以更全面、准确地获取外部环境的信息，识别企业所面临的机会和威胁，同时更真实、客观地评估内部资源和能力，发现自身的优势和劣势，从而制定出有针对性的、符合本企业实际和发展需要的战略；通过有效沟通，可以促使企业员工根据企业的战略目标、战略计划、战略实施及各个部门、各个岗位所应承担的责任等达成共识，自觉将企业目标和个人目标统一起来，激发员工执行战略的积极性、主动性和创造性，从而增强企业战略的凝聚力和向心力，提升企业的战略执行力；通过有效沟通，企业可以更准确地掌握自身的资源状况和各项战略及战略环节的各项资源需求，并使企业有效地整合资源和合理地配置资源，使资源使用在战略执行中产生协同效应，从而提升企业战略执行力；通过有效沟通，企业可以及时掌握战略执行过程中的相关信息并及时作出反馈，增强对战略执行过程的控制力，使企业战略能够顺利执行，进而提升企业战略执行力。

管理沟通是提升企业战略执行力的基础。在当今竞争激烈的商业环境中，企业要保持竞争优势，不仅需要明确有效的战略规划，更需要通过管理沟通确保这些战略能够在组织内得到全面有效的执行。管理沟通有助于战略目标的明确传达。战略的成功执行离不开组织内每个成员对战略目标的理解和认同。通过有效的管理沟通，领导者能够清晰地传达战略目标，解释其背后的逻辑和意义，使员工在思想上对战略有一个共同的认知，从而在行动上更好地朝着共同的目标努力。管理沟通促进组织内外信息的流通。战略执行需要及时准确的信息支持，而管理沟通是信息传递的桥梁。通过各级管理者之间的沟通，可以确保战略执行过程中的信息畅通无阻，使得每个层级的管理者都能及时了解到关键信息，做出相应的调整和决策。管理沟通有助于激发员工的积极性和投入度。战略执行不仅仅是一种组织层面的工作，更需要每个员工的积极参与和努力。通过激励性的管理沟通，领导者能够激发员工的工作热情，提高他们对战略目标的投入度，从而增强整个组织的执行力。管理沟通可以建立强大的团队合作氛围。战略执行需要不同部门和团队之间的紧密协作，而管理沟通有助于建立良好的沟通氛围和团队文化。通过有效的沟通，员工能够更好地理解其他团队的工作，协同合作，推动整个组织向着战略目标迈进。管理沟通有助于战略执行过程中的反馈和调整。战略执行是一个动态的过程，需要不断根据实际情况进行调整和优化。通过开放性的管理沟通，员工能够更自由地表达意见和建议，为战略执行提供有益的反馈信息，使组织能够更灵活地应对变化。

二、管理沟通的作用

（一）管理沟通是实现管理目标的一种手段、方式、方法、途径

在组织中，沟通不仅仅是信息传递的手段，更是一种管理方式和实现组织目标的途径。有效的沟通可以促进团队合作，提高工作效率，加强组织内外部的关系。然而，由于人际关系、组织结构和文化等多方面因素，沟通常常面临着阻碍。因此，建立健康的沟通氛围，采用科学而灵活的沟通方法是组织管理中不可忽视的一部分。

首先，沟通是一种通过传递信息、知识等来实现组织目标的手段。现代企业和组织、人与人之间、部门与部门之间、上下级之间以及其他各个方面之间，特别需要彼此进行沟通、互相理解、互通信息。在这个过程中，沟通不仅是信息的传递者，更是

协调各方利益、促进合作、实现共同目标的桥梁。为了确保组织内部沟通的顺畅，现代企业通常建立起一套成熟、完善的沟通系统。通过各种形式的会议、报告、内部网站等，组织能够将管理层的决策、公司的方针政策以及各类业务信息及时传递给员工。这种信息的透明性和及时性有助于员工更好地理解公司的运营状况，增强归属感和认同感，从而更好地投入到工作中。

其次，沟通是一种管理方式。不同的管理者具有不同的管理风格，形成了各自不同的沟通方式。在现代企业的管理实践中，沟通管理的重要性不可忽视。以英特尔为例，其通过设立"全球员工沟通部"以及多种沟通方式，积极推动着信息的传递与反馈。英特尔采用了多种沟通方式，包括网上直播、季度业务报告会、员工问答、员工简报等。这些方式既包括了在线的虚拟交流，也包括了面对面的实体会议，以确保信息的全面传递。而通过员工问答、一对一面谈、定期的部门会议等方式，英特尔还能够与员工进行深入的交流，了解员工的需求、反馈和建议。这种沟通方式的多样性不仅有助于信息的全面传递，也提供了不同层次、不同方式的沟通渠道，使得管理者能更好地与员工建立联系，理解员工的需求，为员工提供更好的工作环境和发展机会。

最后，沟通既是一种科学，也是一门艺术。在沟通的过程中，除了信息的传递，还需要考虑到人际关系、情绪因素等。因此，科学而灵活的沟通方法是至关重要的。在沟通中，尤其需要关注沟通氛围的营造。沟通氛围的好坏直接影响着信息的传递效果。开放式的沟通氛围有助于员工更加自由地表达意见和建议，增进团队的凝聚力。相反，封闭式的沟通氛围可能导致员工心有余而力不足，影响信息的流通，加剧组织内部的矛盾。在管理者的角色中，沟通也要体现为一种艺术。不同的管理者可能因其性格、领导风格而采取不同的沟通方式。一些具有亲和力的管理者可能更善于通过面对面的交流来拉近与员工的距离；而一些注重结果的管理者可能更注重直接、简洁的沟通方式。因此，管理者需要灵活运用不同的沟通技巧，根据情境和对方的特点进行调整。沟通在组织管理中的重要性不可低估。它既是实现组织目标的途径，又是一种管理方式和科学与艺术相结合的方法。建立健康的沟通机制，创造积极的沟通氛围，不仅能够提高组织的协同效率，还能够增进员工的工作满意度，为组织的可持续发展奠定坚实基础。在未来的组织管理中，应继续深化对沟通的认识，不断创新沟通方式，以适应日益复杂多变的商业环境。

（二）管理沟通是组织战略确立与实施的核心链环和纽带

组织战略的确立是一个综合而复杂的过程，需要高层管理人员根据组织的使命和目标，全面分析外部环境和内部条件，制订战略计划。在这一过程中，沟通贯穿始终，发挥着关键作用。沟通不仅是信息传递的核心链环，更是整个战略管理过程中各个环节之间相互联系的纽带。在战略确立阶段，沟通扮演着信息传递与理解的核心链环。领导层需要通过有效的沟通渠道向所有层级传达战略目标、方向和关键决策，确保每个成员都能理解组织的愿景、使命和价值观。只有当组织内部的信息传递畅通无阻，战略的制定才能够有序进行。在这个过程中，沟通的重点是确保战略的准确传递和全员的理解。领导层需要通过不同形式的沟通手段，如会议、报告、内部网站等，向组织成员传递战略目标、方向以及关键决策。这有助于员工明确个人在整个组织战略中的定位和作用，形成共同的战略认知。

战略制定不应该是孤立的领导决策，而是一个集体智慧的过程。通过多方参与、讨论和反馈，沟通在战略确立中发挥纽带的作用。团队成员需要有渠道表达他们的见解、提出建议，并接受领导层的反馈。这种双向的沟通过程有助于充分挖掘组织内部的创造力和智慧，使得战略更具可行性和执行力。在战略确立过程中，领导层往往会通过沟通塑造一种组织文化和价值观，以支撑战略的执行。通过积极的管理沟通，领导层可以强调组织的核心价值、期望的行为准则，激发员工的认同感和归属感，从而增强组织的凝聚力和团队合作性。战略的实施是一个涉及多个层级和部门的过程，而沟通是不同层级和部门之间协调一致的纽带。通过清晰的战略沟通，组织能够确保每个部门和个体都理解并同心协力地朝着共同的目标前进。及时的沟通有助于调整战略执行中的问题和挑战，使整个组织更加灵活应变，提高战略执行的成功率。在战略执行过程中，组织可能面临外部环境的变化或内部问题的出现，需要进行战略调整和变革。在这个过程中，沟通是引领变革的关键力量。领导层需要通过开放、透明的沟通方式解释变革的原因、目标和影响，以获得组织成员的理解和支持。在变革过程中，沟通是稳定组织情绪、管理期望、激发团队合作的桥梁。

管理沟通在组织战略确立、制定、实施和调整的全过程中都是不可或缺的关键要素。通过有效的沟通，组织可以实现战略的顺利制定、有效执行以及灵活调整，从而保持在竞争激烈的环境中的持续竞争优势。沟通作为一种纽带，连接着战略管理的各个环节，促进组织内外的信息流通，推动整个组织朝着共同的目标不断前进。在未来的组织管理中，应继续加强对沟通的重视，建立开放、透明的沟通机制，提升组织的应变能力和竞争力。

（三）管理沟通是组织文化确立与发展的黏合剂

企业管理的最高境界是创造出独有的企业精神和文化，使其成为员工自发认同的观念和行为模式。在这一过程中，沟通起着至关重要的作用，是思想、观点、情感和灵魂的最高形式和内容，是管理沟通的最高形式。沟通是企业文化的传递和建立的核心链环：企业文化体现了组织内部的共同信仰和价值观，而沟通是将这些核心价值观传递给组织成员的关键手段。通过沟通，领导层能够清晰地表达组织的使命、愿景以及对员工的期望，形成共同的文化认同。这种文化认同感通过沟通渠道的传递，逐渐渗透到组织的各个层级，使得所有成员在思想和行为上更加一致。沟通在规范行为和传递文化准则方面的作用：组织文化伴随着一系列的行为准则和规范，用以规范员工在工作中的行为和决策。沟通的作用在于通过不同方式，强调组织所推崇的行为模式，明确规范，并传达这些规范的重要性。通过沟通，组织可以建立一种积极的、符合文化的工作氛围，激发员工的责任感和使命感，促使大家共同遵循组织的行为准则。通过积极、透明的沟通，组织能够营造一种开放、包容、鼓励创新的氛围，使员工感到在这个环境中可以自由表达观点、分享经验。这种开放的氛围与组织文化的培育密不可分，通过沟通，组织可以激发员工的创造力，增强团队协作，促进文化的发展。沟通作为组织历史和传统传承的桥梁：通过沟通渠道，组织可以将过去的成功经验、挑战和教训传达给新一代的成员。这种传承不仅有助于新员工更好地融入组织文化，还能够弘扬组织的价值观和精神。通过分享组织的历史，沟通促使员工更深刻地理解组织的使命，并为未来的发展奠定坚实基础。沟通帮助员工建立对组织的身份认同：通过传递组织的愿景、目标和期望，沟通帮助员工建立对组织的身份认同。员工在明白组织文化的基础上，能够更好地理解自己在组织中的角色和价值，激发工作的动力和热情。沟通不仅传递信息，更在于在组织内部建立一种共同的精神家园，让每个成员都感到自己是组织的一部分。沟通在企业管理中是塑造和传递企业文化的不可或缺的关键要素。通过沟通，组织能够形成共同的文化认同、规范行为、塑造氛围、传承历史，并帮助员工建立对组织的身份认同。领导者在管理沟通中扮演着重要的角色，通过言传身教，领导者能够弘扬组织文化，成为员工学习和模仿的对象。企业管理的成功最终体现在企业文化的培育与传承，而这离不开沟通的精准、清晰和有效。

（四）管理沟通是优化组织管理环境、改善干群关系、克服管理障碍的基础和保障

沟通在组织中的作用远不仅仅局限于信息的传递，它扮演着优化管理环境、改善干群关系、克服管理障碍的基础和保障的重要角色。沟通是优化管理环境的关键手段。通过有效的沟通，可以建立透明、开放的管理氛围，使员工更容易理解组织的战略目标、政策规定以及管理决策。及时传达重要信息，避免信息不对称，提高员工对组织管理方针的理解度。这有助于激发员工的积极性，促进员工对组织愿景的认同，形成更加和谐的工作氛围。沟通是改善干群关系的桥梁。管理者通过沟通能够更好地了解员工的需求、关切和期望，及时回应员工的关切，解决问题，增强员工对组织的信任感。同时，通过双向沟通，员工也能更好地理解组织的决策和政策，增强对组织的认同感。这种良好的沟通机制有助于缩小组织内部的信息鸿沟，减少误解和矛盾，建立起一种良好的干群关系。管理障碍常常源于信息不畅通、沟通不及时、误解等问题。沟通作为解决这些问题的基础，有助于管理者更好地了解组织内部的情况，及时发现和解决潜在问题。通过建立开放的沟通渠道，员工能够更自由地表达对管理问题的看法和建议，使管理者更灵活地调整管理策略，提高管理的灵活性和适应性。沟通是打破管理障碍、促进管理创新的催化剂，为组织提供了更加灵敏的管理机制。组织内部的各个部门和团队需要协同合作，而沟通是协同的前提和保障。通过沟通，不同部门之间能够及时共享信息，协调工作进度，提高协同效率。有效的沟通有助于建立团队合作的良好氛围，减少信息孤岛，避免信息断层。这种协同效应通过沟通得以保障，使得组织更具备应对外部竞争和变化的能力。组织环境充满不确定性，如果不能及时沟通，采取有效措施，会产生矛盾和冲突。与内外公众沟通信息和知识、交流思想和情感，有助于减少和消除冲突，有助于防止突发性事件的发生。沟通在处理危机和应对变化中发挥了关键作用，为组织提供了灵活性和适应性。沟通在组织中不仅仅是一种信息传递的手段，更是优化管理、改善关系、克服困难的多重作用的关键。有效的沟通不仅有助于内部的协调与合作，还有助于应对外部环境的变化，使组织更具竞争力和适应性。因此，组织管理者应当充分认识

并重视沟通在组织中的战略性作用,建立有效的沟通机制,提升整体管理水平。

(五)管理沟通是提高员工忠诚度、满意度、创造力以及组织效益的利器

员工中蕴藏着巨大的能量,然而要引导他们心甘情愿地贡献自己的能力,关键在于建立员工对组织的忠诚度和满意度,并在此基础上运用激励机制激发员工的主动性和创造力。沟通在这一过程中发挥着至关重要的作用,不仅有助于建立良好的人际关系和组织氛围,还能提高员工的士气,形成积极的工作态度。

良好的人际关系和组织氛围是激发员工潜力的基础。通过沟通,领导者可以更好地了解员工的需求和期望,使员工感到被关心和尊重。这有助于树立员工对组织的信任,激发员工对组织的认同感,提高员工的忠诚度。在积极的沟通氛围中,员工更愿意为组织付出努力,推动组织共同发展。有效的沟通机制使管理者能够及时获取员工的反馈,了解他们的工作体验和感受。这有助于及时解决员工的问题,回应员工的需求,提高员工的工作满意度。员工在感受到组织对其关切并积极回应的情况下,更能够发挥潜力,提高工作效率和质量。良好的沟通氛围使员工更自由地表达自己的想法和建议。通过深入的沟通,领导者可以了解员工的创新思维,为员工提供展示和实践创意的机会。沟通不仅形成创新文化,还能够激发员工的激情和创造力,推动组织不断进步和发展。清晰的沟通有助于传递战略目标和管理理念,使全体员工形成统一的行动方向。有效的沟通有助于协调组织内部的各个部门和团队,提高工作效率,减少信息传递失误和偏差。在这样的沟通环境中,组织更能够迅速适应外部环境的变化,提高竞争力,实现更高水平的组织效益。透明、真实、积极的沟通有助于树立组织的良好形象,吸引更多优秀的人才加入,赢得客户和合作伙伴的信任。良好的沟通环境有助于树立组织的良好品牌形象,增强组织在行业内的竞争优势,提升整体企业形象。在这个过程中,沟通作为一种提高员工忠诚度、满意度、创造力以及组织效益的利器,具有不可忽视的重要性。通过构建开放、透明、互动的沟通机制,组织能够创造更有活力和凝聚力的工作氛围,实现员工与组织的共同成长。在快速变化的商业环境中,沟通不仅仅是信息的传递,更是推动组织持续发展的关键引擎。

第二章 管理沟通的相关理论

第一节 古代管理沟通思想

一、中国古代管理沟通思想

(一) 儒家的管理沟通思想

儒家思想是中国传统文化的主流,它不仅对中国有深远的影响,而且在许多亚洲国家广为流传。以儒家思想为代表的中国传统管理思想和管理文化的内核是什么?归纳起来包括以下方面:

1. 仁爱为本

在儒家思想中,仁爱被视为管理者与团队成员之间至关重要的核心关系,成为构建和谐组织关系的基石。在管理沟通中,仁爱不仅是一种价值观念,更是一种实践精神,通过展现仁爱的品质,领导者可以建立积极的人际关系,促进团队的和谐发展。仁爱强调关怀与理解。在沟通中,领导者通过关心员工的需求,倾听他们的意见和建议,体察团队的情感状态,表达对员工的理解和关切,营造一种温馨的工作氛围。领导者应当充分了解员工的个人和专业需求,以仁爱之心去照顾团队成员,使每个人都感受到组织的关怀,从而建立起员工与组织之间深厚的情感纽带。仁爱鼓励分享与信任。在管理沟通中,领导者应当以开放的心态对待团队成员,鼓励大家分享彼此的想法、经验和建议。通过在沟通过程中展现出对团队成员的信任,领导者能够激发员工的创造力和团队凝聚力。仁爱的理念有助于打破层级和距离感,促使沟通更加平等和自由,从而形成更加务实和有效的团队协作。仁爱提倡尊重与公平。在管理沟通中,领导者要以平等的态度对待每个团队成员，不分贵贱、不设门槛，给予每个人充分的尊重。仁爱的理念强调公平对待每个团队成员，不偏袒个别人员，建立起一种公正的组织文化。通过尊重与公平的实践，领导者能够赢得团队成员的信任和认同，增强整个团队的凝聚力。

仁爱鼓励成长与共赢。在管理沟通中，领导者应当支持团队成员的个人和职业发展，提供培训机会、职业规划和发展通道。仁爱的理念注重人才的培养和成长，通过激励团队成员共同奋斗，实现个人与组织的共赢。领导者可以通过与团队共同发展的愿景和目标进行沟通，激发团队成员的责任心和创造力，推动整个团队朝着共同的目标努力。在这样的管理沟通理念下，仁爱成为建立和谐、积极、高效团队关系的不可或缺的元素。通过关怀、分享、尊重和共赢的实践，领导者能够在沟通中传递出一种积极向上的信号，为团队成员提供一种安全、稳定的工作环境，推动团队迈向更为辉煌的未来。

2. 言传身教

在儒家思想中，言传身教是一种强调领导者言行一致的管理理念。这一理念表明领导者不仅仅通过口头表达，更通过自身的言行榜样来影响和引导团队成员。在管理沟通中，言传身教成为一种高效的沟通方式，具有深远的影响力。领导者的言传身教通过言辞表达正确的管理理念。领导者在沟通中应当以清晰、明了的语言表达组织的愿景、使命和核心价值观。言传身教要求领导者用富有感染力的言辞来传递对工作的热情、对团队的信心以及对员工的期望。通过言辞的表达，领导者能够在沟通中激发团队成员的积极性和责任感，使他们更好地理解组织的战略目标和发展方向。领导者的言传身教通过行为展现正确的领导风格。儒家注重领导者的品德和操守，通过良好的行为举止来赢得团队成员的尊敬和信任。在管理沟通中，领导者要以身作则，展现出诚信、公正、负责任的领导风格。言传身教要求领导者在实际行动中贯彻组织的价值观，用自己的实际行为引导团队成员形成正确的工作态度和价值观念。领导者的言传身教通过关怀员工展现人性关怀。在儒家思想中，人际关系和人的关怀至关重要。领导者在沟通中要表达对团队成员的关心，关注他们的生活和职业发展。通过真挚的关怀和体贴的语言，领导者能够在沟通中传递出一种人性化的管理理念，建立起领导者与团队成员之间深厚的感情纽带。领导者的言传身教通过积极的沟通态度影响团队氛围。领导者在沟通中要以积极的态度面对问题和挑战，通过鼓励、支持和激励的语言激发团队成员的工作热情。言传身教要求领导者用乐观、正面的言辞传递对团队未来的信心，使团队成员在面对压力和困难时能够更加坚定地前行。儒家思想中的言传身教理念强调领导者通过自身的言行榜样来影响团队成员。在管理沟通中，领导者要通过清晰的言辞表达战略目标，通过正确的行为展现领导风格，通过关怀员工展现人性关怀，通过积极的沟通态度影响团队氛围。通过言传身教，领导者能够塑造出积极向上、团结协作的工作氛围，推动整个团队朝着共同的目标努力。

3. 君子之交淡如水

君子之交淡如水，是儒家思想中强调领导者平和和谦逊的重要理念。这一理念传达出一种不张扬、淡泊的领导风格，强调在沟通中保持冷静、平和的态度，以期引导团队达到更好的管理效果。君子之交淡如水体现在领导者的冷静和理性。在管理沟通中，领导者面对各种挑战和问题时，不被情绪所左右，保持冷静的头脑。这种冷静和理性的态度有助于领导者更好地分析和解决问题，防止情绪冲动导致不理智的决策。君子之交淡如水的理念要求领导者在沟通中展现出稳重和沉着，以赢得团队成员的信任和尊重。君子之交淡如水强调领导者的平和和包容。在团队中，不同的个体拥有不同的观点和意见，领导者需要以平和的心态对待这些差异，不偏袒、不排斥。平和和包容的态度有助于建立和谐的团队氛围，激发团队成员的创造力和合作精神。领导者通过平和的沟通风格，能够让团队成员感受到一种宽容和理解，进而更好地融入团队。君子之交淡如水体现在领导者的谦逊和谨慎。在儒家思想中，领导者不应过于张扬，而是要保持一颗谦逊的心。领导者应该在沟通中展现出对他人的尊重和敬意，不过分突显自己的地位和权威。谦逊和谨慎的态度有助于建立平等和融洽的沟通关系，使团队成员更加愿意与领导者共同合作。君子之交淡如水注重领导者的自我修养。在管理沟通中，领导者需要不断反思和修正自己的行为，保持良好的职业操守和品德修养。这种自我修养不仅能够使领导者更好地引导团队，还能够为团队提供一个积极向上的榜样。君子之交淡如水的理念要求领导者不仅在外在行为上表现谦逊，更要在内心深处拥有真正的平和和谦卑。君子之交淡如水是儒家思想中关于领导者平和谦逊的重要理念。这一理念强调领导者在管理沟通中应保持冷静、平和的态度，以及展现谦逊、包容的品质。君子之交淡如水的管理风格有助于建立和谐的团队关系，促进团队的协作和发展。

4. 敬业乐群

敬业乐群是儒家思想中的核心价值之一，强调领导者应当以对事业的热爱和对团队的关爱来推动团队发展。在管理沟通中，这一理念具有深刻的启示，要求领导者在言行中展现敬业精神和乐群情怀，以促进员工的工作热情，打造和谐的工作氛围。敬业乐群注重领导者的榜样作用。在儒家思想中，领导者被视为对事业充满热爱、对团队充满关爱的榜样。在管理沟通中，领导者要以积极的态度展现对工作的敬业精神，通过亲身实践激发员工的工作热情。通过言行一致地展现对事业的热爱，领导者可以在团队中塑造积极向上的氛围，激发员工的创造力和团队协作精神。敬业乐群强调对团队成员的关爱。在管理沟通中，领导者要注重对员工的关怀和支持，以营造乐群的工作氛围。通过关心员工的工作和生活，领导者可以增强员工的归属感和忠诚度，促进员工更好地融入团队。通过在沟通中展现对团队成员的关爱，领导者可以建立起和谐的人际关系，为团队的协同合作创造良好条件。敬业乐群强调团队合作和共同努力。在管理沟通中，领导者要强调团队的合作精神，倡导共同努力的理念。通过传递团队共赢的价值观，领导者可以激发员工的团队协作精神，使团队成员更加乐于相互协助，共同追求团队和组织的发展目标。这有助于提高团队整体的工作效能，推动组织朝着共同的愿景前进。敬业乐群注重培养员工的自律和积极性。在管理沟通中，领导者要通过激励和引导，培养员工具备自律的品质。通过正面的激励和鼓励，领导者可以激发员工的工作积极性，使其在工作中表现出更高的敬业度。通过在沟通中传递对员工的期望和信任，领导者可以激发员工对工作的责任心，使其自发地追求个人和团队的发展。敬业乐群理念在管理沟通中强调领导者的榜样作用、对团队成员的关爱、团队合作和共同努力，以及培养员工的自律和积极性。通过将这一理念贯穿管理沟通的方方面面，领导者可以更好地引导团队，推动组织的可持续发展。在敬业乐群的指引下，管理沟通不仅仅是信息的传递，更是激发团队的工作热情和合作精神，为组织的繁荣奠定坚实基础。

5. 礼仪之道

礼仪之道在儒家思想中占有重要地位，特别是在管理沟通中，儒家注重遵循适当的礼仪规范以促进人际关系的良好发展。礼仪的实践不仅是一种传统的道德准则，更是建立团队和谐氛围、提高管理效果的关键因素。礼仪之道要求领导者以礼待人。在管理沟通中，领导者应具备高度的修养和礼貌，通过尊重他人的言行举止，展现出良好的道德风范。以礼待人的领导者能够赢得团队成员的敬意和信任，为团队的协作提供良好的基础。通过传递积极的社交信号，领导者能够树立起一种良好的团队文化，增进员工的向心力。礼仪之道要求领导者尊重员工。儒家思想强调尊重每个个体的尊严和价值，管理者在沟通中应注重关怀员工的感受，尊重他们的意见和建议。尊重员工不仅能够提高员工的工作满意度，还有助于建立一种平等和谐的工作氛围。通过尊重的沟通方式，领导者能够更好地发挥自己的领导作用，激发员工的工作热情和创造力。礼仪之道要求领导者在沟通中注重团队凝聚力的培养。通过设立一些团队建设的仪式和活动，领导者能够加强团队成员之间的互动，提高团队的凝聚力。在团队沟通中，礼仪的实践不仅体现在言行举止上，更应包括一些文化传统和仪式，使得团队成员在共同参与的过程中建立更深层次的情感联系。礼仪之道要求领导者通过沟通建立和谐的人际关系。在儒家思想中，礼仪被认为是调和人际关系的重要手段，通过恰当的礼仪表达，领导者能够在沟通中化解矛盾，增进人际和谐。建立和谐的人际关系有助于提高团队的协作效率，减少内部摩擦，从而推动团队朝着共同的目标迈进。礼仪之道在儒家思想中被视为一种重要的管理原则，特别在管理沟通中具有深远的影响。通过以礼待人、尊重员工、注重团队凝聚和建立和谐人际关系，领导者能够营造一个积极向上、和谐稳定的工作环境，推动团队的共同发展。礼仪之道在管理沟通中不仅仅是一种形式，更是一种促进团队共荣共赢的智慧。

6. 以德治国

"以德治国"是儒家思想中的核心理念，强调领导者应该通过品德高尚的榜样来引导和管理团队。在管理沟通中这一理念具有深刻的启示，要求领导者在言行中体现良好的德行，通过正面的道德信息塑造和引导团队成员，以促进整个组织的稳定和发展。儒家思想强调领导者的榜样作用。在"以德治国"的理念下，领导者被视为德行高尚的榜样，其言行举止对于整个团队具有深远的影响。在管理沟通中，领导者要注重自身的道德修养，以积极的榜样引导团队成员，激发员工的工作热情和责任感。通过传递正面的道德信息，领导者能够在团队中树立起积极向上的文化氛围，为团队的发展奠定坚实基础。强调以德治国意味着注重德性的培养。在管理沟通中，领导者要关注团队成员的德性培养，倡导正直、宽容、诚信等道德品质。通过建立良好的道德体系，领导者可以引导团队成员形成积极向上的价值观，从而在工作中更加自觉地遵循良好的道德准则。这有助于提高团队整体的职业素养，增强团队的凝聚力和向心力。以德治国强调言传身教，注重言行一致。在管理沟通中，领导者要保持言行一致，言传身教，确保自己的言论与实际行动相符。这种一致性有助于建立领导者的权威和信任度，使团队成员更愿意接受领导者的引导和管理。通过实际行动体现道德操守，领导者能够在沟通中赢得员工的尊敬和信赖，推动团队朝着共同的目标努力。以德治国也意味着注重团队文化的建设。在管理沟通中，领导者要通过塑造积极向上的团队文化，弘扬正面的价值观。通过共享正能量的信息，传递正面的道德信息，领导者能够使团队成员更加积极向上，形成共同的价值共识。这有助于增强团队的向心力，促进团队的协同合作，提高整体工作效能。"以德治国"理念在管理沟通中强调领导者的榜样作用、德性培养、言传身教和团队文化建设。通过将这一理念贯穿管理沟通的方方面面，领导者可以更好地引导团队，推动组织的可持续发展。在以德治国的指引下，管理沟通不仅仅是信息的传递，更是价值观的引领和共鸣，为组织的长久繁荣奠定基础。

（二）法家的管理沟通思想

法家创始人可以上溯到管仲、李悝，以及商鞅、申不害，集大成者则是韩非。法家是战国时期形成的一个重要学派，它是代表当时新兴地主阶级的一个政治派别。

1. 权威至上

法家思想对于领导者权威的强调在管理沟通中具有深远的影响。在法家的理念中，领导者被视为组织的核心和最高权威，其话语具有绝对的权威性。这一权威的建立不仅源于领导者个人的能力和智慧，更基于法定和规定的制度。在管理沟通的过程中，法家思想强调领导者的话语是组织中最重要、最具指导性的信息源。领导者通过明文规定和法定制度确立了自身的权威地位，成员对领导者的话语应当表现出绝对的服从和执行。这种权威的建立和维护需要通过沟通来传达和贯彻。

法家强调领导者的话语是通过法定和规定的制度来实现的。这包括组织内部的章程、规章制度以及领导者的权力范围等。这些法定的制度构成了领导者权威的法理基础，通过明文规定的方式确保了领导者在组织中的独特地位。管理沟通的任务之一就是传达和解释这些法定制度，让组织成员明白领导者的权威是建立在明确的法规之上的。领导者的话语具有绝对的权威性，要求成员在沟通过程中表现出明确的服从和执行态度。沟通不仅仅是信息传递，更是一种权力关系的表达和构建。法家思想认为，只有通过领导者的权威性传达和执行法定制度，组织才能保持秩序和稳定。因此，在管理沟通中，领导者的话语需要以明确、坚定的语气呈现，以表达出权威的姿态。法家认为领导者的权威性建立在法定制度之上，这也意味着制度的执行需要通过沟通来传达。管理沟通在这一点上的任务是确保制度的贯彻执行，让组织成员理解并按照制度规定的方式行事。领导者通过沟通传达制度的目的、原则和细节，引导成员遵守规范，从而维护组织的权威和秩序。

法家思想中权威至上的观念在管理沟通中得以体现，强调领导者的话语具有法定的权威性，需要通过明文规定的制度来实现，并通过沟通来传达和贯彻这一权威，确保组织的秩序和稳定。

2. 制度法治

法家思想的核心理念之一是制度法治，强调通过法律和规章制度来管理组织。在管理沟通中，这一理念体现在制定清晰明确的规章制度，并通过沟通来传达和执行这些规定，以维护组织的秩序和稳定。法家思想强调制定规章制度的重要性。规章制度是组织运行的法定基础，是管理者明确权责、规范行为的工具。在管理沟通中，制度的制定需要经过全面的调研和分析，确保规章制度能够全面、精确地反映组织的运作需求。这些规定可以涵盖组织内的各个方面，包括工作流程、人际关系、职责分工等。因此，管理沟通在规章制度的制定阶段需要通过与各级管理者和员工的有效沟通，收集意见建议，确保制度的全面性和可操作性。沟通在传达和强调规章制度时发挥着关键作用。明文规定的制度需要通过沟通方式传达给组织成员，以确保每个人都能理解规章制度的内容和要求。这需要采用清晰简明的语言，通过不同的沟通渠道，如会议、培训、文件等，向组织成员传达规章制度，并强调其重要性和执行力。沟通的目标是使每个成员都能理解和接受规章制度，确保其在实际工作中的执行。法家思想认为制度法治是一种通过规定和执行法律法规来维护社会秩序和稳定的方法。在管理沟通中，强调规章制度的贯彻执行，需要通过沟通传达执行的要求和标准。管理者需要向组织成员明确规章制度的执行流程、惩戒机制等，并通过沟通引导成员按照规章制度的规定行事。这一过程需要管理者具备较强的沟通技能，能够有效地传达规章制度的内容，引导组织成员的行为。法家思想中的制度法治理念在管理沟通中得以体现，强调通过明文规定的法律和规章制度来规范组织行为。在管理沟通的过程中，需要注重规章制度的制定、传达和执行，以确保组织的秩序和稳定。

3. 奖罚分明

法家思想注重奖罚分明的管理原则，强调对违规行为的严厉惩罚和对合规行为的明确奖励。在管理沟通中，领导者通过制定明确的奖罚制度来激励和约束组织成员，沟通的目的在于传达奖罚的原则和执行方式。奖罚分明的制度需要通过沟通传达给组织成员。领导者需要明确规定奖励和惩罚的标准、条件和程度，并通过有效的沟通方式向成员介绍这些制度。这可以通过组织内部的培训、会议、文件等沟通渠道来实现。在传达奖罚制度时，需要强调其公正性和透明度，使组织成员能够理解制度的合理性和执行的必要性。沟通的过程中需要强调奖罚的正当性。领导者在进行沟通时，应当清晰地阐述奖罚的背后逻辑和目的，使组织成员能够理解为何会采取奖励或惩罚的措施。这有助于建立组织成员对奖罚制度的信任和认同，提高其执行的积极性。领导者在沟通中还需要强调奖罚的公正执行，即使制度明确，但其执行过程中需要保持公正和公平，避免出现主观、歧视或不公正的情况。沟通是确保组织成员对奖罚制度执行过程的了解和监督的关键途径，通过透明的沟通机制，领导者能够及时传达奖罚决策的原因和依据，增强成员对奖罚制度执行的信心。沟通的目的还包括引导组织成员理解奖罚对于组织整体目标的贡献。通过沟通，领导者可以强调奖罚制度是为了维护组织的秩序、提高绩效、促进成员发展等目标，使组织成员能够认识到奖罚措施的合理性和必要性，从而更好地配合执行。在法家思想的管理理念中，奖罚分明是通过沟通来传达和执行的，要求领导者通过明确、公正和正当的沟通方式，使组织成员理解并接受奖罚制度，进而促使组织朝着既定目标前进。

4. 强调实用主义

法家思想强调实用主义，注重实际效果和实用性，这一理念在管理沟通中体现为强调务实、实际的管理方法。以实用主义在管理沟通中强调关注实际的业务目标。领导者在沟通过程中需要明确组织的战略目标和业务需求，确保沟通的内容和方式与这些实际目标相契合。通过沟通使团队成员理解和认同组织的实际目标，进而调整工作方向和努力方向，以实现组织的战略目标。实用主义要求管理沟通关注实际效果。在沟通中，领导者需要评估沟通的效果，关注信息的传递是否清晰、是否达到预期的理解程度。通过反馈和评估，领导者可以及时调整沟通策略，确保信息的实际效果符合组织的期望。实用主义在管理沟通中注重解决实际问题。领导者在沟通中应当关注团队成员遇到的实际问题和困难，通过沟通解决方案、提供支持和协调资源，帮助团队克服实际的挑战。这种问题导向的沟通方式有助于提高团队的工作效率和绩效。实用主义还强调在沟通中采用切实可行的管理方法。领导者需要选择适合实际情境的沟通方式和工具，以确保沟通的顺利进行。实用主义倡导的是实际操作和实际效果，因此，管理沟通的方法应当具有实际可行性，能够在组织内得到实际应用。法家思想的实用主义在管理沟通中强调将理论和理念转化为实际操作，关注实际的业务需求和问题解决，以达到最实际的管理效果。通过实际主义的管理沟通方式，领导者可以更好地引导团队朝着实际目标迈进，提高组织的绩效和竞争力。

（三）道家的管理沟通思想

1. 无为而治

在道家思想的理念中，强调"无为而治"成为一种管理组织的哲学原则。这种理念不是指对组织疏于管理或消极应对问题，而是主张在管理中追求一种自然、顺应的状态，通过柔性引导和不强求的方式，使得组织在自然规律中自发而为。在管理沟通方面，这一理念表现为领导者不过度干预成员的思想和行为，而是以柔性引导的方式来促进团队的合作和发展。领导者在沟通中不刻意施加压力或强求一定的结果，而是尊重团队成员的个性和差异，给予他们更多的自由空间。这种方式有助于激发团队成员的创造力和积极性，使得团队更加灵活应对变化。在实践中，领导者可以通过设立开放的沟通渠道，鼓励成员分享意见和建议。这种自发性的沟通方式能够促进信息的流动，激发团队的创新力和合作精神。同时，领导者的姿态也更加开放，不拘泥于特定的管理形式，更注重以平和的心态引导团队的发展。无为而治理也意味着领导者应当学会倾听。通过倾听团队成员的声音，领导者能够更好地理解团队的需求和问题，从而更有针对性地进行管理沟通。这种开放性的沟通方式有助于建立信任，增强团队的凝聚力。无为而治的管理沟通理念强调领导者应当遵循自然规律，以柔性引导团队，创造一种宽松而有活力的组织氛围。通过尊重个体，倾听成员的声音，领导者能够激发团队的潜力，实现组织的可持续发展。

2. 以道为本

在道家思想的理念中，将"道"视为宇宙的根本原则，这在管理沟通中转化为以道为本的管理哲学。这一理念强调领导者应当遵循自然的规律和原则，以开放和宽容的态度对待团队成员，实现组织的协调与进步。在管理沟通方面，以道为本的理念表现为领导者以一种自然、开明的态度对待团队成员。领导者要尊重个体的差异，理解每个成员的独特性，不过分强调一刀切的标准化管理。这种管理方式有助于激发团队成员的创造性和积极性，形成更加和谐的团队氛围。领导者还应当注重组织整体素质的提升，以道为本的理念强调组织的发展应当符合自然的规律。领导者需要深刻理解组织的内在规律，通过管理沟通的方式引导团队朝着正确的方向发展。这可能包括对组织文化的塑造、对团队协同性的培养等方面的努力。在实践中，领导者可以通过开放的沟通渠道，鼓励团队成员分享意见和建议，形成多元化的决策机制。这有助于促进信息的流通，使得组织的决策更加全面和科学。同时，领导者的宽容和开明也将影响团队的文化氛围，使得团队更加适应变化和创新。以道为本的管理沟通理念强调领导者应当遵循自然的规律，尊重个体差异，注重组织整体素质的提升。通过这种方式，领导者能够实现与自然相符的管理，为组织的和谐与发展打下坚实的基础。

3. 注重内心修养

在道家思想的理念中，注重内心修养是一项关键的原则。这体现在领导者应当重视个体内心的修炼和提升，以达到更高的境界。在管理沟通中，领导者通过自我修养，能够更好地引导团队，传递积极向上的沟通氛围。领导者注重内心修养意味着他们不仅关注外在的行为表现，更注重培养内在的品质。这包括心态的平和、心灵的宁静以及对自我认知的深刻理解。通过修炼内心，领导者能够更好地处理团队内部的压力和冲突，保持冷静的头脑，制定明智的决策。注重内心修养的领导者能够更好地理解和尊重团队成员的情感和需求。通过对自身情感的掌控，他们能够更加敏感地察觉到团队中可能存在的问题，及时进行沟通调解，创造出更加和谐的工作氛围。这种积极的沟通氛围有助于激发团队成员的工作热情和创造力。领导者的内心修养还体现在对待团队成员的关怀和理解上。通过关注每个成员的个体差异，领导者能够更好地理解他们的需求和期望，为其提供更有针对性的支持和指导。这种关怀体现了领导者的温暖与人性化，加强了团队成员对领导者的信任感。注重内心修养是道家思想在管理沟通中的一项重要原则。通过自我修炼，领导者能够更好地引导团队，传递积极向上的沟通氛围，促进团队的协作与发展。这种内外兼修的管理风格有助于建立健康、和谐的团队关系。

二、西方古代管理沟通思想

（一）古埃及人的管理思想

古埃及是世界上文明古国之一，其独特的管理思想和组织方式在早期管理史上占据重要地位。古埃及的管理体制以中央集权的专制政权为基本特征。法老作为全国土地的最高所有者，拥有对国家财产的全部支配权。这意味着法老政权制定了土地制度、税收制度、档案制度等重要制度，将权力和财富集中在自己手中。法老不仅在国家制度上确立了专制体制，还亲自掌握了行政、司法、军事的大权，确保国家权力高度集中。在法老为首的专制体制下，建立了一整套管理机构。法老下设各级官吏，其中最高一级是宰相，负责协助法老处理全国政务。宰相具体管理王室农庄、司法、国家档案，并监督公共工程的兴建。这一层层设立的管理机构和职责分工表明，古埃及已经建立了自上而下的管理者责任体系和权力规范。

古埃及人在建造金字塔的过程中展现了非凡的管理和组织能力。在工程管理中，监工每管理 10 名奴隶，表明他们已认识到每个管理者所能监督的人数存在一定的限度。这反映出他们对管理跨度的认知，为后来管理学中的"跨度控制"奠定了基础。金字塔的修建过程也显示出了分工和协作的思想，表明他们能够将科学技术运用于劳动过程，并体现了严密的组织制度。古埃及的管理思想还反映在他们的著作中，如《普塔霍特普箴言》。这部著作成书于公元前 2400 年左右，后来成为埃及学校的教材。其中包含丰富的管理思想，体现了对组织、领导和工作的深刻理解。这表明古埃及人在管理方面不仅有实践经验，还进行了系统的总结和传承。古埃及人的管理思想在早期管理史上具有重要的地位，他们建立的中央集权的专制政权、管理机构和体系，以及在建造金字塔过程中表现出的管理和组织能力，都为后来的管理学发展奠定了基础。这一时期的管理思想不仅在管理体制上有所创新，还为组织和领导的理论提供了有益的经验。

（二）古巴比伦的管理思想

古巴比伦王国是古代东方以两河流域为中心的奴隶制国家，其乌尔王朝在管理国家方面采用了成文法典，其中《汉谟拉比法典》尤为著名，集中体现了古巴比伦的管理思想。在巴比伦王国建立的乌尔王朝中，成文法典被用来管理国家事务。这是一种通过文字明文规定法律和规章的管理方式，它在法制体系中的建立标志着对社会秩序的规范化和制度化。这为国家的有序运行提供了法律基础，使各种行为和关系得以明确规定。

《汉谟拉比法典》是古代历史上最为著名的法典之一，于公元前18世纪由巴比伦国王汉穆拉比颁布。这部法典涉及了社会、商业管理的多个方面，包括经商、物价控制、刑事处罚等。通过对各种职业、层面人员的责、权、利关系进行明确规定，该法典为古代管理思想提供了具体而系统的指导。《汉谟拉比法典》对出售、契约、合伙、协议、期票、借贷、租赁、转让、抵押、遗产、奴隶等方面做了许多明确的规定。其中体现了对责任不可推诿的原则，首次认识到责任应当由相关当事人承担。这一原则为后来管理思想中的责任与权力的明确划分奠定了基础。《汉谟拉比法典》中还规定了民事控制、事故责任等方面的内容。对于民事纠纷的处理和事故责任的追究，法典提供了详细而有力的规定。这为维护社会秩序、促进公平正义提供了法律基础。法典中涉及了生产控制与激励的规定，这反映了对经济管理的思考。法典通过对契约、合伙、借贷等方面的规定，旨在规范和促进生产活动，从而推动社会的繁荣和发展。《汉谟拉比法典》中甚至包括了对最低工资的规定。这表明古巴比伦人不仅在经济活动中有着详尽的规范，也关注劳动者的权益，提出了对劳动报酬的合理保障。古巴比伦人通过成文法典，尤其是《汉谟拉比法典》的颁布，为管理思想的发展提供了丰富的经验和深刻的思考。这些规定和原则，对后来社会管理、法治建设产生了深远的影响。

（三）古希腊的管理思想

古希腊是欧洲古代文化的发源地，其在管理思想方面的发展体现了知识和思维的力量，塑造了一系列伟大的思想家如苏格拉底、色诺芬、柏拉图、亚里士多德等。在公元前5至前4世纪，随着希腊经济的繁荣和奴隶制度的确立，管理水平不断提高，形成了独特的管理思想。

古希腊人崇尚民主管理，这在其政治体制中得到了充分体现。雅典是古希腊最著名的城邦之一，其政府采用了一定程度的民主制度。公民有权参与政治决策，这在当时是一种创新。这种政治体制的建立体现了对广泛参与和公民权利的尊重，为后来的政治理念奠定了基础。古希腊人认识到专业化与合理分工的原则在管理中的重要性。这一思想体现在他们的社会组织和军队管理中。例如，古希腊的军队采用了重要的分工制度，不同兵种分工明确，实现了协同作战。这对于提高战争管理水平具有重要意义。古希腊人将管理视为一种独特的技艺，这体现在他们对于智慧和学问的推崇中。苏格拉底、柏拉图、亚里士多德等伟大思想家提出了许多关于管理的理论。他们认为，管理需要系统的思考和理论支持，是一门需要专业技能和学问的实践活动。这为后来管理学的发展奠定了基础。古希腊人在管理中注重员工的工作环境，尤其是对于艰苦、单调、重复性的工作。他们运用音乐等艺术形式来调节工作氛围，提高员工的工作积极性。这种注重员工心理健康的思想在当时被认为是颇具先见之明的。古希腊人将财富是否得到增加作为检验管理水平高低的标准之一，这体现了他们对于管理效果的实际关注，将财富的增加视为管理成功的标志，这一观念在后来的商业和经济管理中有着深远的影响。古希腊人强调加强人的管理是管理的中心任务。他们认为，有效的管理不仅仅是对于物质资源的管理，更是对于人力资源的科学和有效的引导。通过关注领导力、团队合作等方面的原则，古希腊人为人力资源管理奠定了基础。古希腊人在管理思想中展现了对于知识和思维的尊重，他们的理念对后来的管理学发展产生了深远的影响。从他们崇尚民主、重视专业化与合理分工，到将管理视为一门独特技艺，这些思想为后来管理学的形成奠定了坚实基础。

（四）古罗马的管理思想

古罗马在世界历史上是最大的奴隶制国家之一，其管理思想在政治、军事、经济、法律等方面体现出独特的特点。一些奴隶主思想家如贾图、瓦罗等在其著作中表达了对管理的丰富思考，揭示了古罗马管理思想的重要方面。

古罗马首先意识到了现代企业的某些性质。随着罗马帝国的扩张，管理被征服领土的问题变得尤为重要。罗马人在这一过程中不仅需要高效的政治和军事管理，还需要有效地组织和管理庞大的经济体系。这促使他们形成了一系列管理原则和方法，为古代帝国管理奠定了基础。罗马人具有集权、分权到再集权的实践经验。在罗马帝国的管理中，政治权力通常高度集中，但在地方行政和军事管理中也采取了一定的分权措施，以提高效率。这种集权和分权的结合反映了罗马管理的灵活性和适应性。罗马人具备了遵守纪律的品格，这在其军队管理和政治制度中得到了体现。罗马军队以其严格的纪律而闻名，这种品格也渗透到其他领域。同时，罗马人在管理职能设计上具备了以分层和权力层次为基础的能力，实现了高效的组织结构。奴隶主思想家如贾图、瓦罗等对管理人员的选择标准进行了丰富的论述。他们强调了管理者需要具备的品质和技能，包括忠诚、智慧、领导力等。这种关注管理人员素质的观点为后来的管理学提供了一定的借鉴。在古罗马的管理思想中，集权、分权、遵守纪律和对管理人员的选择标准等方面的实践和论述，为古代管理思想的发展提供了宝贵经验。这些观点不仅在当时塑造了古罗马强大的帝国，也对后来的管理学产生了深远的影响。

第二节 古典组织理论

一、科学管理学派理论

科学管理学派的兴起与工业化时期的生产需求紧密相连。在这一时期，组织面临着巨大的生产压力和管理挑战，需要一种更有效的方法来应对。弗雷德里克·泰勒被认为是科学管理学派的奠基人，他的著作《科学管理原理》于1911年首次出版，标志着这一管理思想的正式形成。科学管理学派的主要观点可以总结为以下几个方面：①科学方法在管理中的应用，科学管理学派倡导将科学方法引入管理领域。泰勒强调，管理应像科学实验一样，通过观察、分析和实验，找到最有效的管理方法。②任务分解与标准化，泰勒主张将工作任务进行科学分解，将复杂的工作拆解成简单、可重复的任务。同时，制定标准化的工作程序，确保每个工人都按照最佳标准执行任务。③时间和运动研究，通过对工人工作中的每个动作进行详细的时间和运动研究，发现并消除工作过程中的浪费，提高工作效率。④奖罚激励，科学管理学派并非只关注工作过程的科学化，同时也强调工人与管理者之间的合作共赢。通过给予工人适当的奖励，激励其更好地完成任务。

科学管理学派的贡献主要体现在以下几个方面：生产效率的提升，通过任务分解和标准化，科学管理学派显著提高了生产效率，使组织能够更高效地生产产品和提供服务。管理科学的奠基，泰勒为管理学树立了科学的旗帜，将管理从主观经验的领域解放出来，推动了管理科学的发展。工人与管理者的合作理念，尽管强调科学方法，但科学管理学派同样注重工人与管理者之间的合作，通过奖励激励体现了组织内部的协同合作。尽管科学管理学派在改进生产效率方面取得了巨大成功，但它也受到了一些批评。批评主要集中在对工人的过度机械化和忽视人性的问题上。随着社会的不断变化，人们逐渐认识到，组织管理不仅仅是科学方法的问题，还涉及到人的复杂性、创造性和社会因素。科学管理学派的影响依然存在，许多管理方法和原则仍然在当代组织中得到应用。其强调的效率和科学方法为管理学的发展奠定了基础，同时也启示着管理者要关注组织中的每一个环节，追求卓越的管理效果。

二、行政管理学派理论

行政管理学派是20世纪初兴起的一种管理理论，其核心思想是强调组织内部的行政结构、程序和人员的协调与合作。行政管理学派的发展得益于对科学管理学派的批评，强调了管理中人的因素和组织的社会性。行政管理学派在20世纪初兴起，当时组织面临着日益复杂的环境和管理挑战。与科学管理学派强调效率和任务分解不同，行政管理学派关注的是组织内部的协调、人际关系和组织的社会性。这一学派的代表性人物包括切斯特·伯纳德和马克斯·韦伯等。

行政管理学派的主要观点可以概括如下：组织的社会性，行政管理学派认为组织是一个社会系统，受到社会和文化等多方面因素的影响。组织的目标不仅仅是经济效益，还包括社会责任和员工的幸福。人的因素，相对于科学管理学派对工作任务的机械化，行政管理学派更注重人的因素。关注员工的需求、动机和组织文化对于实现组织目标至关重要。协调与合作，行政管理学派认为，组织中的协调和合作是取得成功的关键。通过建立有效的沟通渠道、强调团队协作，实现组织内外的各方利益的平衡。领导与权威，行政管理学派中的理论家强调领导者的作用，但不同于科学管理学派对于权威的强调。行政管理学派提倡一种更为民主和参与式的领导方式，强调领导者应该理解员工的需求并激发其积极性。

切斯特·伯纳德的《组织的功能》一书提出了组织的社会性理论，认为组织的运作不仅仅是为了经济目标，还包括社会目标。马克斯·韦伯，韦伯提出了理性官僚制度的概念，认为通过规范的程序和合理的权威结构可以实现组织的有效管理。行政管理学派引入了人的因素，强调员工的需求和动机对于组织的成功至关重要，为人力资源管理的兴起奠定了基础。通过关注组织文化，行政管理学派促使管理者认识到组织的社会性和文化氛围对于组织效果的重要性。强调领导者的作用，提倡更为民主和参与式的领导方式，对于领导学的发展产生了积极影响。尽管行政管理学派在强调人的因素和组织社会性方面取得了一定的成就，但它也受到了一些批评。其中包括对于理论的抽象性和对于实际操作的可行性的质疑。有人认为，行政管理学派在一些实际问题的解决上相对缺乏具体的操作指导。行政管理学派为管理理论的发展带来了新的思考角度，强调了人的因素和组织的社会性。其对于领导学、组织文化和人力资源管理等领域的影响仍然深远。然而，在实际应用中，管理者需要综合运用各种理论，因地制宜地选择适合组织情境的管理方式。

三、人体关系学派理论

人体关系学派是管理学中的一支流派，强调人际关系对组织效能的重要性。该学派在20世纪初兴起，试图弥合科学管理学派对效率的追求与人的因素之间的鸿沟。人体关系学派的兴起是对科学管理学派的一种反应，后者主张通过科学的方法优化工作流程以提高效率。然而，这种强调效率的理念在实践中忽视了员工的人性需求，因此人体关系学派试图通过关注人际关系来改善工作环境。

人体关系学派的主要观点包括：强调员工不仅仅是机械的工作执行者，还是具有各种需求和情感的个体。理解和满足员工的需求对于提高工作满意度和组织绩效至关重要。认为在组织中建立良好的人际关系是提高工作效能的关键。团队合作、相互支持和沟通是人体关系学派所倡导的核心价值。提倡一种更为民主和参与式的领导风格。管理者应该关注员工的意见和感受，通过共同决策和参与式管理来增强员工的归属感。认为组织的文化和氛围对于员工的情感状态和工作表现有深远的影响。创造积极向上的组织文化是人体关系学派追求的目标。

埃尔顿·梅奥是人体关系学派的主要代表人物之一，他的霍桑实验成果被认为是该学派的奠基之作。实验发现，员工的情感状态和团队关系对于工作绩效有着重要的影响。人体关系学派通过强调员工的人性需求和情感状态，人体关系学派为后来的人力资源管理和组织行为学等领域的发展提供了理论基础。该学派的理念强调了团队合作和员工之间的相互关系，为组织营造了更为和谐的工作氛围。人体关系学派的理念推动了领导风格的转变，从强调命令与控制向关注员工参与和发展转变。人体关系学派的主要批评来自其实证研究的方法论和实用性的争议。一些人指出，人体关系学派的实验研究受到了一定的方法学限制，导致结论的推广性受到一定的质疑。人体关系学派的出现为管理学的发展注入了对人性的关怀和对组织文化的关注。尽管其实证研究存在争议，但其对于组织行为的理论构建和领导实践的影响仍然在今天产生着积极的影响。

第三节 人际关系理论

一、人际关系理论的含义

人际关系理论是社会学、心理学等领域中的一个重要理论体系，主要研究人与人之间的相互作用、沟通和互动。该理论关注个体在社会环境中的行为和互动，试图解释人际关系中的模式、规律和影响因素。这一理论的核心概念包括亲密度、互惠性、互赖性、互动规范等。亲密度涉及个体之间的亲密程度和情感联系；互惠性强调在人际关系中的相互交流和互相支持；互赖性则关注个体在关系中的相互依赖和合作；互动规范则规定了在特定社会背景下适用的行为规则和期望。人际关系理论有助于理解人们在社会互动中的动机、行为和心理过程。它不仅解释了人际关系中的积极互动，也关注了冲突、紧张和矛盾的方面。通过人际关系理论，我们能够更好地理解人们为何选择建立、维护或结束某种人际关系，以及这些关系对个体和社会的影响。人际关系理论为我们提供了一个框架，用于分析和理解人们在社会环境中的相互作用，对于促进健康、稳定和积极的人际关系具有重要的启示作用。

二、人际关系理论的主要观点

（一）工人是"社会人"而不是"经济人"

梅奥的人际关系理论是在总结霍桑实验成果的基础上提出的，于1933年出版的《工业文明中的人的问题》一书中详细阐述了他对管理的新理论，这一理论被称为人际关系理论。该理论主张工人不仅是"经济人"追求物质需求的个体，更是"社会人"具有社会和心理需求的个体。这与古典管理理论中将金钱作为激励手段的观点形成鲜明对比，梅奥否定了当时科学管理学派认为金钱是唯一激励工人积极性的观点，强调了社会和心理因素对工人工作积极性的重要影响。人际关系理论强调了工人的社会性。梅奥认为，工人不仅仅是被雇用来完成一定工作的劳动者，更是社会中的一员，具有丰富的社会关系和需求。他指出，工人在工作环境中形成了一种群体文化，这种文化对工人的态度、动机和行为产生了深远的影响。因此，管理者应当关注和理解工人的社会需求，创造一个积极向上、充满社会温暖的工作环境。人际关系理论突出了工人的心理需求。梅奥认为，人的需求不仅仅局限于物质方面，心理层面的需求同样至关重要。他提出了"社会心理学契约"的概念，强调了在组织中，雇员期望得到一份超越经济报酬的契约，包括对其尊重、关心和认可。管理者应当通过与员工的沟通和互动来建立积极的社会心理契约，从而提高员工的工作满意度和忠诚度。梅奥的人际关系理论反映了对于组织中人的需求的新认识，超越了古典管理理论中过分强调经济激励的观点。他的理论强调了人的社会性和心理需求，提出了在工作环境中关注人际关系的重要性。这一理论对后来组织行为学和人力资源管理等领域产生了深远的影响，成为管理实践中不可忽视的一部分。

（二）非正式组织的存在

梅奥的人际关系理论为管理学领域带来了一场革命，它不仅重新定义了工人的本质，更强调了人际关系的重要性。在梅奥的理论框架下，非正式组织的存在成为了一个关键的概念，对于理解工作场所的人际互动和组织文化的形成至关重要。梅奥的理论强调了工人作为"社会人"的特征，不仅关注他们在工作中的经济需求，更注重社会和心理方面的需求。这一观点契合了非正式组织的本质，因为非正式组织往往在满足社会和心理需求方面发挥着关键作用。工人之间建立的友谊、共同体感觉，都是非正式组织的核心元素，同时也是梅奥理论的支持者所强调的人际关系的具体表现。非正式组织在梅奥的理论中成为了满足工人社会和心理需求的一个重要平台。在这种组织形式中，工人不仅仅是同事，更是共同分享生活和工作经验的朋友。这种非正式的人际关系网络使得工作不再仅仅是为了经济回报，更是一个社交的场所，有助于提高工人的工作满意度和投入度。非正式组织在信息流动方面发挥着关键作用。梅奥理论中提到，满足工人对社会因素和人际关系的需求可以提高工作的积极性和主动性。在非正式组织中，信息更加自由地在成员之间传递，成员可以更快速地了解组织内的动态、新闻和变化。这有助于维持组织内的积极社会氛围，进而提高工人对工作的投入。非正式组织对于组织文化的形成和传承也具有深远的影响。梅奥理论中提到，组织文化不仅由正式规章制度和领导层塑造，还受到人际关系的影响。非正式组织成为一种自发的、基于人际关系的文化传承机制，通过共同的活动、传统和价值观的传递，形成了组织内独特的文化氛围。梅奥的人际关系理论强调了工人作为社会人的多元需求，而非正式组织则成为了这些需求的重要满足途径。它不仅在人际关系、信息流动和组织文化方面发挥作用，更为工作场所的社会化和人性化注入了新的理念和动力。管理者需要认识到非正式组织的存在，善于引导和利用这种组织形式，以促进组织的发展和员工的个人成长。

（三）生产率主要取决于工人的工作态度和人际关系

梅奥的人际关系理论对生产率的影响主要体现在工人的工作态度和人际关系方面。在这一理论框架下，梅奥认为，提高生产率的主要途径是通过改善工人的满意度，包括对社会因素和人际关系的满意程度。以下是对这一观点的详细论述：梅奥理论强调了工人的工作态度对生产率的关键影响。他认为，工人的工作态度不仅受到经济因素的影响，更受到社会和心理因素的塑造。在组织内，工人对工作的态度直接影响着他们的工作积极性、主动性和创造力。如果工人对工作感到满意，他们更有可能投入到工作中，从而提高生产效率。人际关系在梅奥的理论中被认为是影响生产力的另一个重要因素。他指出，工人不仅是追求经济利益的"经济人"，更是有社会和心理需求的"社会人"。在组织内，人际关系的质量直接关系到工人的满意度和工作态度。积极的人际关系有助于形成良好的工作氛围，增强团队协作精神，提高工作效率。梅奥的实地研究中发现，工人更倾向于在具有积极社会氛围的组织中工作。这意味着，管理者需要注重构建良好的人际关系网络，鼓励员工之间的合作和互助，以创造一个支持性的工作环境。在这样的环境中，工人更容易建立良好的人际关系，从而提高对工作的投入和生产率。梅奥理论中的非正式组织的概念也为人际关系对生产力的影响提供了具体框架。非正式组织往往在满足工人社会和心理需求方面发挥关键作用。在这种组织形式中，人际关系更加自由、开放，信息流动更加迅速，有助于提高工作满意度，进而推动生产效率的提升。梅奥的人际关系理论强调了工人作为"社会人"对工作态度和人际关系的需求。通过满足这些需求，管理者可以提高工人的工作满意度，进而影响他们的工作态度和人际关系。这些因素共同作用，对提高生产率和工作效率产生积极的影响。因此，管理者在实践中需要注重人际关系的构建和维护，关注工人的心理状态，以创造有利于生产力提升的工作环境。

（四）非正式组织对生产率的影响

梅奥的人际关系理论中，非正式组织对生产率的影响成为理论体系中的一个重要方面。非正式组织作为一种相对自由、开放的组织形式，具有更高的灵活性。相比于正式组织中严格规定的层级结构和工作流程，非正式组织更容易适应变化，并能更迅速地应对外部环境的变化。这种灵活性有助于提高工作效率，使组织更具竞争力。非正式组织在信息传递和共享方面更为迅速和高效。在非正式组织中，信息可以更自由地在成员之间流动，而不受到正式渠道的限制。这有助于及时传达重要信息，使团队更具协同性，进而提高整体生产率。非正式组织的存在促进了团队协作和凝聚力的形成。在这种相对松散的组织结构中，成员更容易建立起良好的人际关系，形成更加紧密的团队。团队成员之间的相互支持和信任有助于提高工作满意度，激发工作积极性，从而影响生产率的提升。非正式组织在解决问题和决策方面也具有一定的优势。由于成员之间的关系更为自由，他们更容易进行开放性的讨论，提出建设性的意见。这种自由的讨论氛围有助于发掘问题的根本原因，找到更有效的解决方案，进而提高工作效率。非正式组织也可能带来一些负面影响，例如信息传递的失真和不确定性，以及可能出现的权力失衡。因此，在管理中，需要平衡正式和非正式组织的关系，充分发挥非正式组织的优势，同时加以有效管理和引导，以确保组织能够最大程度地受益于非正式组织的积极影响。非正式组织作为梅奥人际关系理论的一部分，对生产率的影响主要体现在其促进了组织的灵活性、信息流动性、团队凝聚力和问题解决能力等方面。在充分认识到这些优势的基础上，管理者可以采取相应的策略，更好地利用非正式组织的力量，提升整体生产率。

（五）提高工人满意度的途径

梅奥的人际关系理论注重提高工人满意度，认为通过满足工人的社会和心理需求可以激发工人的工作积极性，从而提高整体生产效率。梅奥强调了建立积极的人际关系。在组织中，工人与同事之间的关系对于工作满意度具有重要影响。管理者应鼓励和培养团队成员之间的合作精神，建立和谐的工作氛围。通过团队建设和集体活动等方式，加强员工之间的互动，促进彼此之间的了解与信任，从而提高整体的工作满意度。提供发展和晋升机会是激发工人满意度的有效途径。梅奥认为，工人不仅仅追求物质方面的回报，还追求在工作中的成长和发展。因此，组织应该为员工提供培训机会、晋升通道等发展空间，让他们感到在组织中有更多的发展前景，从而增强工作的意义感和归属感。梅奥提倡对工人的个人需求进行关注和满足。理解员工的个体差异，了解他们的家庭状况、兴趣爱好等，有针对性地提供支持和关怀。通过人性化的管理方式，让员工感受到组织的关心，从而提高他们的满意度和忠诚度。梅奥还强调了赋予员工更多的决策权和参与感。通过让员工参与决策过程、给予他们一定的自主权，可以提高他们对工作的投入和责任心。这种参与式的管理方式有助于激发员工的工作热情，提高他们的自我满足感，从而增强工作满意度。梅奥认为透明的沟通是提高工人满意度的重要手段。管理者应当及时分享组织的发展计划、目标和决策，让员工了解组织的运作状况。通过开放、透明的沟通方式，减少信息不对称，增进员工对组织的信任感，提高满意度。梅奥的人际关系理论中提高工人满意度的途径涵盖了人际关系的建设、提供发展机会、关注个体需求、赋予决策权和透明沟通等多个方面。通过综合应用这些途径，管理者可以更有效地提高工人的满意度，进而促进组织的长期发展。

第四节　行为科学管理理论

一、行为科学管理理论的含义

行为科学管理理论的兴起在20世纪初期，标志着管理学领域的一场重大变革。该理论强调员工个体差异、动机、参与度，以及组织内的人际关系和社会心理因素，将焦点从机械式的生产过程转向了关注人的因素。这一理论的提出对管理者改善工作环境、促进员工发展和提高组织绩效提供了深刻的启示。行为科学管理理论强调个体差异。管理者开始认识到每个员工都是独特的，拥有各自的背景、技能和动机。这使得管理策略需要更加个性化，关注员工的个体需求和差异，以便更好地激发其潜力和积极性。通过了解员工的个性，管理者可以更有针对性地制订激励计划和培训方案，提高员工的工作满意度。动机和参与度成为关注的核心。行为科学管理理论认为，员工的动机不仅仅受到薪酬的影响，还受到内在因素的驱动，如成就感、认可和发展机会。管理者开始通过制定激励机制，关注员工的个人目标和职业发展，以提高其对工作的投入和积极性。员工的参与度成为组织成功的重要指标，需要通过激发员工的自主性和责任感来实现。人际关系和社会心理因素成为组织管理的重要考量。行为科学管理理论强调组织内部的人际关系对于工作满意度和生产效率的重要性。管理者开始关注团队协作、沟通和领导风格的影响，创造积极的工作氛围。理论认为，通过建立良好的人际关系和关心员工的社会心理需求，可以提高组织的凝聚力和员工的幸福感。行为科学管理理论的兴起标志着管理观念的演变，从简单的任务执行转向更加关注员工个体特征和人性因素的管理方式。这一理论对于推动组织发展、提高员工满意度以及增强组织竞争力产生了深远的影响。通过合理运用该理论，管理者能够更全面地理解和应对组织内部的挑战，从而实现更加可持续和卓越的管理。

二、行为科学管理理论原则

（一）动机和激励原则

行为科学管理理论强调了动机和激励原则在提高员工积极性和工作效能中的关键作用。这一理论突破了传统管理观念，认识到员工的动机不仅仅受到经济因素的影响，还深受内在动机和个体需求的驱动。以下是行为科学管理理论中动机和激励原则的核心观点：

行为科学管理理论认为，内在动机是推动员工行为的关键因素。内在动机是指通过从事某项活动本身获得满足感和成就感的驱动力。管理者应当认识到员工追求个人成就、认可和发展机会的内在动机。因此，激励措施不仅仅应当关注物质奖励，更应当注重提供有意义和具挑战性的工作，以满足员工在工作中的成就感和自我实现感。行为科学管理理论强调，不同的员工有不同的价值观、目标和需求。管理者需要根据员工的个体差异制订个性化的激励计划。一些员工可能更看重工作本身的挑战性，而另一些员工可能更关注薪酬激励。了解员工的动机驱动，通过差异化的激励手段，可以更好地调动员工的积极性。行为科学管理理论倡导参与式管理，强调员工在决策过程中的参与。通过让员工参与决策，管理者可以激发员工的责任感和归属感，从而增强其对工作的投入。这种参与式的管理方式不仅能够提高员工的满意度，还能够创造更加积极向上的工作氛围。动机和激励原则在行为科学管理理论中被视为提高组织活力和效能的关键。通过深入了解员工的内在动机，差异化的激励措施和参与式管理，管理者可以创造出更为细致和人性化的管理思路，有助于形成更加有活力和高效的组织。行为科学管理理论的动机和激励原则为管理者提供了更为细致和人性化的管理思路。通过注重内在动机、个体差异的考量以及参与式管理，可以更好地调动员工的积极性，创造出更加有活力和高效的组织。这一理论为管理实践提供了有益的指导，使组织能够更好地适应复杂多变的现代工作环境。

（二）人际关系原则

行为科学管理理论中的人际关系原则被视为影响组织内工作满意度和生产效率的重要因素。这一理论强调了在组织中建立和谐的人际关系，注重团队协作和有效沟通，旨在促进积极的工作氛围。以下是人际关系原则在行为科学管理理论中的核心观点：

人际关系原则强调通过创造积极、支持性的工作环境来培养员工之间的信任和合作。一个和谐的团队氛围对整体工作氛围和团队协作效果有直接影响。管理者应采取有效的团队建设活动和培训，以促进员工之间的和谐相处，创造积极向上的团队氛围。人际关系原则认为团队协作是提高工作效率和质量的核心。通过鼓励员工之间的协作和互助，可以实现整体绩效的提升。管理者需要建立奖励机制，激励团队合作，并确保团队成员之间的有效沟通和信息共享。沟通在人际关系原则中扮演着至关重要的角色。通过开放、透明的沟通渠道，可以减少信息不对称和误解，建立有效的人际关系。管理者需要倡导开放式沟通文化，鼓励员工表达意见，同时及时传达组织的决策和信息。人际关系原则注重领导者的作用，认为领导者在组织内扮演着塑造人际关系的关键角色。通过展现亲和力、支持性领导风格，领导者能够建立积极的关系。管理者需关注员工的个人需求，提供支持和帮助，以增强员工对组织的认同感和忠诚度。人际关系原则通过强调和谐的人际关系，积极的团队氛围，为组织创造了更加积极、健康的工作环境。良好的人际关系有助于提高员工满意度、减少冲突，从而推动整体组织绩效的提升。在行为科学管理理论中，人际关系原则为管理者提供了切实可行的方法，通过关注和谐的团队氛围、团队协作、有效沟通和领导者的作用，帮助组织创造更加积极、健康的人际关系，从而促进组织的整体绩效提升。这一理论为管理实践提供了指导，使组织能够更好地应对人际关系挑战，建立更为强大和协调的工作团队。

（三）参与式管理原则

参与式管理原则在行为科学管理理论中占据重要地位，强调员工的积极参与和合作，旨在提高组织的绩效和工作效率。参与式管理原则首先强调在决策过程中引入员工的意见和建议。传统的管理模式通常由高层管理者单方面决策，而参与式管理鼓励开放的决策环境，允许员工分享他们的看法。这样的开放性决策不仅调动了员工的积极性，也为组织提供更全面和多元的决策结果。参与式管理认为员工更了解自己的工作和技能，因此应该有权参与工作任务的制定和分配。这种方式能够更好地发挥员工的专业优势，提高工作效率和质量。管理者需要与员工建立有效的沟通机制，了解他们的能力和兴趣，以便更科学地安排工作任务，激发员工的工作热情。员工是最了解工作细节和操作方式的人，参与式管理原则鼓励员工参与制定工作流程和改进方法。通过员工的参与，可以更好地适应工作的实际情况，提高工作效率和质量。管理者需要设立渠道，使员工能够分享经验和提出改进建议，以推动工作流程的不断优化。参与式管理原则关注员工在问题解决和冲突处理中的积极参与。员工应该有机会参与解决工作中的问题和处理团队内部的冲突。这样的参与不仅能够更迅速地解决问题，还能够增强员工的责任心和团队合作意识。管理者需要建立有效的沟通渠道，鼓励员工主动参与问题解决，从而共同维护良好的工作环境。实施参与式管理原则有助于激发员工的创造力和积极性，提高组织的灵活性和适应性。通过员工的积极参与，组织可以更好地适应变化，更加灵活地应对不同的挑战，推动组织向更高水平的发展。参与式管理强调员工参与决策、任务制定等过程可以激发创造力，增加员工的责任感。这有助于培养积极向上的工作氛围，促进团队成员之间更加紧密的合作，从而提升整体绩效。实施参与式管理原则需要在组织中营造一种开放、包容的文化。管理者应该倡导沟通与合作，建立互信关系，让员工有信心分享意见和建议，使参与式管理成为组织文化的一部分。通过参与式管理，员工在工作中能够更好地发展个人潜力，感受到组织对其重要性。这种共同成长的理念有助于建立员工与组织的紧密联系，提高员工对组织的忠诚度。参与式管理原则是行为科学管理理论的一个关键组成部分，强调员工在决策、任务制定、工作流程和问题解决中的积极参与。这一原则的实施有助于创建积极的工作氛围，激发员工的潜力，推动组织不断发展。

（四）沟通原则

沟通原则在行为科学管理理论中扮演着至关重要的角色，它强调建立良好的沟通体系，以促进组织内信息的流动、团队的合作和工作效率的提高。沟通原则首先强调在组织中建立开放的沟通渠道，这是确保信息畅通的关键。管理者应该营造一个鼓励员工提出问题、分享想法和表达意见的开明环境。通过开放的沟通渠道，可以避免信息的封闭和阻碍，形成积极的信息流动，从而促进组织内部的透明度。有效的沟通不仅仅是传递信息，更要确保信息的清晰和明确。管理者需要以简洁、明了的语言表达信息，避免模棱两可的表达方式。在工作任务的分配、目标的设定和项目的规划中，清晰的沟通能够提高员工对任务的理解和执行的准确性，防止因信息不明确而导致的误解和偏差。沟通原则认为，传统的单向命令式管理效果有限，而双向沟通更为有效。管理者不仅要向员工传达信息，还需要倾听员工的反馈和建议。通过双向沟通，可以更好地了解员工的需求和问题，建立起开放的沟通氛围，从而及时做出调整和改进。在快速变化的工作环境中，信息的及时传递至关重要。管理者需要建立及时的沟通机制，确保重要信息能够迅速传达到每个员工。频繁的沟通有助于保持团队的紧密联系，加强团队合作，提高工作效率，使整个组织更具灵活性和应变能力。沟通原则强调借助多种渠道进行沟通，包括面对面交流、电子邮件、即时通信等。在数字化时代，管理者需要根据不同的情境和需求选择合适的沟通渠道。多种渠道的组合使用可以更全面地传递信息，提高信息的覆盖范围和传递效果。互信是良好沟通的基础。沟通原则强调建立互信关系，使员工更愿意分享意见和提出建议。管理者应该展现开放和诚实的态度，鼓励员工积极参与沟通过程，从而营造一个充满信任和合作的工作环境。沟通原则不仅仅是组织内部信息传递的手段，还具有战略价值。通过良好的沟通，管理者能够更好地传达组织的愿景和目标，激发员工的归属感和使命感，推动整个团队朝着共同的目标努力。沟通原则对组织文化的建设有深远的影响。通过注重沟通，组织可以培养开放、包容的文化，使员工更愿意分享信息和合作，从而为组织的可持续发展打下坚实基础。综合而言，沟通原则是行为科学管理理论中的一项基础原则，对于组织内部的信息传递、团队合作和工作效率的提升都具有重要作用。通过建立开放、清晰、双向、及时和多渠道的沟通机制，管理者可以更好地引导团队，促进组织的协同发展。

（五）个体差异原则

个体差异原则是行为科学管理理论的重要组成部分，着眼于员工之间的多样性，以及如何理解和善用这些多样性来提高组织的整体绩效。个体差异原则首先强调对员工多样性的认知和尊重。每个员工都是独特的，拥有不同的背景、技能和个性。管理者需要通过了解员工的专业领域、文化背景和个人价值观，为每个员工提供个性化的支持和关怀。通过尊重多样性，组织可以建立更加包容和富有创造力的工作环境。个体差异原则认为，传统的一刀切管理方法不再适用。管理者应该采用个性化的管理方法，根据每个员工的独特特点制订相应的激励机制、培训计划和职业发展规划。这种差异化的管理能够更好地满足员工的需求，激发他们的工作热情和创造力。个体差异原则注重员工的动机和需求。不同的员工受到不同的激励因素驱动，有的可能更看重物质奖励，而有的可能更注重工作本身的挑战性和意义。管理者需要深入了解员工的个体差异，了解其动机和需求，以制订更为精准的激励策略。通过满足员工的个体需求，可以提高其对工作的投入和忠诚度。个体差异原则不仅关注个体，还强调团队协同效应。在多样性的团队中，管理者需要善于发现和利用员工之间的互补性。通过合理的分工和团队协作，可以发挥每个员工的特长，提高整个团队的绩效。个体差异在团队中不仅是挑战，更是推动创新和进步的动力。个体差异原则鼓励员工的参与和反馈。在决策制定和问题解决的过程中，管理者应该充分听取员工的意见和建议。员工的参与不仅可以发挥其个体差异的优势，还能够增强其对组织的归属感和责任感。通过建立双向的沟通机制，管理者可以更好地了解员工的期望和反馈，有针对性地调整管理策略。个体差异原则关注员工的个人和职业发展。管理者应该根据员工的兴趣和能力制定个性化的培训计划和职业发展路径。通过提供有针对性的培训和发展机会，可以使员工感受到组织对其个体差异的关注，增加其对组织的忠诚度和承诺感。个体差异原则强调个体差异的战略应用。管理者需要将个体差异视为组织发展的战略资源，通过差异化管理和团队协同，实现个体和组织的共同成长。在招聘、团队组建和项目分配中，充分考虑个体差异，使其成为组织创新和变革的动力。个体差异原则是行为科学管理理论的重要组成部分，通过理解和尊重员工之间的多样性，采取个性化的管理方法，激发员工的动机，促进团队协同效应，以及通过员工参与和反馈建立更紧密的组织联系，有助于提升整体绩效，推动组织朝着更高水平的发展。

（六）社会心理因素原则

社会心理因素原则是行为科学管理理论中的一项关键原则，它着眼于组织内的人际关系、团队协作以及员工对社会因素的敏感性，通过理解和有效处理这些因素来促进组织的协同发展。社会心理因素原则首先关注组织内人际关系的和谐建设。在现代组织中，员工的工作不再是孤立的，而是需要与他人紧密合作。管理者应当认识到组织是由各种社会关系构成的社群，通过促进积极的人际关系，可以提高整个团队的工作效率和凝聚力。建立开放的沟通渠道、组织团队活动以及培养互信关系，都是促进人际关系和谐的有效手段。社会心理因素原则强调团队协作的重要性。在当今组织中，团队协作是实现复杂任务的关键。管理者应该致力于培养和促进团队内部的合作精神，通过设立共同的目标、强调集体责任感以及激发团队的创造性思维，提高整个团队的协同效应。团队的成功合作不仅能够提高工作效率，还有助于创造积极的工作氛围。社会心理因素原则注重员工对社会因素的敏感性。员工不仅仅是组织中的执行者，还是社会成员，对组织的社会形象和文化有着敏感的感知。管理者需要了解员工的社会情感和认同感，通过传递积极的社会价值观和组织文化，增强员工对组织的认同感。通过构建积极的社会形象，组织能够吸引更多的人才并建立良好的声誉。社会心理因素原则关注组织内部的公平和公正。员工对于组织的公平感和公正感直接影响其对工作的态度和行为。管理者需要建立公正的激励机制、晋升机制和评价体系，确保员工能够得到公正的对待。通过提供公平的机会和待遇，可以增强员工对组织的信任感，从而提高其工作的积极性。社会心理因素原则强调员工对组织的社会责任感。现代组织不仅仅要关注自身的经济利益，还需要承担社会责任。管理者需要传递组织的社会责任理念，鼓励员工参与社会公益活动，以形成良好的社会形象。通过参与社会责任活动，员工能够感受到自己的工作对社会的积极贡献，从而提高其对工作的满意度和投入度。社会心理因素原则主张建立公正的激励和认可机制。员工在组织中需要感受到自己的贡献得到公正的回报，并得到适当的认可。通过设立公平的薪酬体系、激励计划和员工表彰制度，可以激发员工的工作热情和投入度，促进整个组织的积极向上发展。社会心理因素原则强调引导社会情感。管理者需要具备引导员工社会情感的能力，通过传递积极的情感和情绪，营造愉悦的工作氛围。积极的社会情感有助于提高员工的工作满意度，减少负面情绪的传播，维持团队的稳定性。社会心理因素原则作为行为科学管理理论的关键要素，强调了人际关系、团队协作和社会因素对组织的重要性。通过认真处理这些因素，管理者可以建立更加和谐、高效的工作环境，提升组织的整体绩效水平。

（七）培训与发展原则

培训与发展原则是行为科学管理理论中的一项关键原则，其核心理念是组织应该关注员工的能力提升和职业发展，以促进个体和组织的共同成长。在竞争激烈的商业环境中，组织的成功往往取决于员工的能力水平。培训与发展原则强调了能力提升的战略重要性，因为员工的专业知识和技能是推动组织创新和持续发展的核心动力。管理者应制订全面的培训计划，确保员工能够跟上行业发展的步伐，提高应对各种工作挑战的能力。为了激发员工的职业发展动力，组织需要为他们提供清晰的职业发展路径和晋升机制。培训与发展原则认为，定期的职业规划与发展谈话是实现这一目标的有效手段。通过了解员工的职业目标和需求，管理者可以为其量身定制个性化的职业发展支持，增强员工对组织的职业归属感。

培训与发展原则强调员工的学习倾向，因此管理者应该鼓励员工具有自主学习的意识。提供学习资源和平台，建立学习型组织文化，有助于激发员工的学习兴趣。这种文化不仅能够提高员工的专业素养，还能够增强组织的变革和创新能力，提高整体竞争力。

培训与发展原则注重知识管理和经验传承。组织应该建立完善的知识管理体系，通过内部分享会、知识库等形式，将员工的经验和知识进行有效传递。管理者的角色不仅在于鼓励员工分享成功经验和教训，还需要促进组织内部的知识共享氛围，推动组织的学习和进步。除了专业技能的提升，培训与发展原则关注员工的全面发展，这包括心理健康、团队协作能力、沟通技巧等方面。管理者可以通过开展心理健康培训、团队建设活动等，培养员工的全面素质，提高员工在各个方面的综合能力。培训与发展原则倡导持续学习的文化建设。在快速变化的时代，组织需要保持敏感性，随时适应新的市场趋势和技术变革。通过培养员工持续学习的习惯，组织能够更灵活地调整战略方向，使其更具竞争力。为了有效提升员工的能力，培训与发展原则主张制订针对性培训计划。这意味着管理者需要根据员工的具体职责和发展需求，精心设计培训课程。通过有针对性的培训，组织可以最大限度地发挥培训资源的效益，提高培训的实际效果。为了强调学习的重要性，培训与发展原则建议建立学习与业绩挂钩的激励机制。这意味着员工的学习成果与其绩效评价直接相关，从而形成学习的正向循环。这样的激励机制能够激发员工更加积极地参与培训活动，实现学习与业绩的双丰收。培训与发展原则是行为科学管理理论中的一项重要原则，通过关注员工的能力提升、职业发展以及全面发展，组织可以更好地培养人才，提高整体绩效，实现可持续发展。管理者在执行培训与发展策略时，需要制定合理的培训计划、激励机制，并营造良好的学习氛围，从而使员工与组织共同进步、共同成长。

三、行为科学管理理论实施方法

（一）员工参与决策

员工参与决策作为行为科学管理理论的实施方法之一，强调组织应该更广泛地倾听和利用员工的智慧和经验，以促进决策的合理性和员工的投入感。员工参与决策的实施方法体现了一种民主管理的理念。在这种管理模式下，组织鼓励员工积极参与到决策过程中，使得决策更具代表性和民主性。员工不再仅仅是执行者，而是组织决策的重要参与者，这有助于建立更加平等和开放的组织氛围。员工参与决策能够激发员工的工作动力和创造力。通过参与决策，员工感受到自己的意见和贡献受到重视，从而更加投入工作。这种参与感可以激发员工的积极性，增强工作的主动性和创造性，有助于提高组织的创新能力和竞争力。员工参与决策的实施方法促进了信息的充分流通。在决策过程中，员工能够分享自己的看法、经验和信息，形成多元化的意见汇聚。这样的信息共享有助于决策者更全面地了解问题，减少信息的不对称，提高决策的准确性和科学性。员工参与决策还能够提升组织的灵活性和适应性。员工在工作中积累了丰富的实际经验，通过他们的参与，组织能够更及时地获得反馈，更灵活地调整决策方向，适应外部环境的变化。这对于组织在竞争激烈的市场中更好地应对挑战具有重要意义。员工参与决策的实施方法有助于建立良好的团队合作关系。通过共同参与决策，员工之间建立起更为紧密的合作关系，减少了组织内部的信息壁垒和沟通障碍。良好的团队合作不仅有助于决策的贯彻执行，也有助于提升整体团队的协同效能。员工参与决策作为行为科学管理理论的实施方法，不仅体现了一种民主管理的理念，还能够激发员工的工作动力和创造力，促进信息充分流通，提升组织的灵活性和适应性，同时建立了良好的团队合作关系。这一方法有助于实现组织和员工的共同发展。

(二) 激励机制设计

行为科学管理理论强调通过有效的激励机制来引导和管理员工行为，以提高组织的整体绩效。在实施激励机制的过程中，需要综合考虑个体差异、工作特性以及组织目标，以确保激励方案能够最大程度地激发员工的积极性和创造力。激励机制设计的关键在于灵活性和个性化，以适应不同员工群体的需求。在激励机制的设计中，应该深入了解员工的个体差异和动机因素。这可以通过定期进行员工调查、面谈和评估来实现。了解员工的价值观、职业目标以及个人动机，有助于制定更符合其期望和需求的激励计划。不同员工可能受到不同的激励因素影响，因此个性化的激励方案能够更好地激发他们的工作热情。在激励机制的设计中，个体差异和动机因素是至关重要的考虑因素。每个员工都是独特的个体，拥有不同的背景、经验和价值观。了解员工的个体差异，包括其对工作的态度、动机和目标的追求，是制订有效激励计划的基础。通过定期的员工调查、面谈和绩效评估，管理者可以深入了解员工的需求和期望，为个性化的激励方案提供依据。

个性化的激励方案是行为科学管理理论的核心之一。基于对员工个体差异和动机因素的深入了解，管理者可以制订针对性的激励计划。这可能包括个性化的奖励机制、晋升路径、培训计划等。例如，有的员工可能更看重职业发展，对于晋升机会感兴趣；而另一些员工可能更注重工作挑战，对于参与创新项目更有动力。通过差异化的激励方案，组织能够更好地满足员工的期望，激发其工作热情。除了个体差异，工作特性和职业发展也是影响员工行为的重要因素。管理者在制定激励机制时，应该考虑工作的本质和员工的职业发展需求。通过为员工提供具体、挑战性和有发展空间的工作任务，可以激发他们的主动性和创造力。此外，制订晋升计划、技能培训和职业发展规划，使员工感受到个人和职业的成长，从而增强其对工作的投入和忠诚度。薪酬体系作为激励机制的一部分，起着至关重要的作用。然而，薪酬体系的设计应该注重公平和透明，确保员工对其薪酬的合理性有清晰的认知。引入绩效奖金、股权激励和福利待遇等激励方式，可以更直接地激发员工的工作动力。但要注意避免单一依赖薪酬激励，应该将薪酬作为综合激励体系的一部分，与其他非经济激励因素相结合，以达到更全面的激励效果。激励机制的设计不仅仅局限于物质层面，还包括建立正向的工作环境和团队文化。通过提供良好的工作条件、强调团队合作和开展员工活动，可以增强员工对组织的归属感和认同感。一个积极、和谐的工作环境有助于激发员工的创造力和工作热情，从而提高整体绩效水平。激励机制的实施需要不断监测和调整。组织应该建立有效的反馈机制，及时了解员工的反馈和需求，以便调整激励计划，使其保持与员工期望和组织目标的一致性。通过定期评估激励机制的效果，组织可以不断优化激励策略，确保其持续有效地推动员工的工作动力和绩效提升。行为科学管理理论的激励机制设计是一个涉及多方面因素的复杂过程，需要全面考虑个体差异、工作特性、薪酬体系、工作环境和组织文化等因素。通过个性化、综合性的激励方案，组织可以更好地引导和激发员工的工作激情，从而提高整体绩效水平，实现组织发展的战略目标。

（三）建立良好的人际关系

在行为科学管理理论的实施中，建立良好的人际关系被认为是关键因素之一，对于促进员工合作、提高工作效率和创造积极的工作氛围至关重要。要实现这一目标，首先需要注重沟通与信任的建设。建立开放透明的沟通渠道，使员工感到他们的声音被听到和重视，有助于打破组织内的沟通障碍，增进员工之间的信任感。在团队中，领导者起到了至关重要的作用。有效的领导者不仅应该具备出色的领导才能，还应该注重与团队成员之间的互动和关系。领导者的支持和关心能够激发员工的工作激情，建立起一种共同的团队目标。通过定期的团队建设活动和个别谈话，领导者能够更好地了解员工的需求和期望，有针对性地提供支持和帮助，从而增强整个团队的凝聚力。培养良好的人际关系还需要注重员工之间的相互理解和尊重。了解每个员工的个性、价值观和工作风格，有助于建立更加融洽的人际关系。组织可以通过开展团队培训、推动跨部门合作和设立员工互助机制等方式，促进员工之间的互相了解，从而减少误解和冲突，营造和谐的工作氛围。除了注重领导者与员工之间的关系，同事之间的相互合作也至关重要。建立积极的同事关系能够提高整个团队的协同效率，创造更好的工作成果。组织可以通过设立团队目标、奖励卓越团队表现和建立共享资源的机制等方式，激发员工之间的合作愿望，从而建立更加紧密的同事关系网络。在人际关系的建设中，解决冲突是一个不可忽视的方面。冲突是组织中难以避免的现象，但良好的人际关系需要有效的冲突解决机制。组织可以通过建立专门的冲突解决团队、提供冲突解决培训和制定明确的冲突解决流程等方式，帮助员工更好地应对和解决冲突，避免因冲突而导致的不良后果。组织文化也对人际关系的建设产生深远影响。弘扬积极向上的组织文化，鼓励员工分享经验、共同成长，有助于形成团队共同的价值观和行为准则。通过组织内部的文化建设活动、员工参与决策的机会等方式，组织可以加强员工对组织的认同感，进而促进人际关系的良好发展。建立良好的人际关系是行为科学管理理论实施的核心内容之一。通过加强沟通与信任、注重领导者与员工之间的关系、培养员工之间的相互理解和尊重、促进同事之间的合作、有效解决冲突以及打造积极向上的组织文化，可以共同构建一个和谐、积极向上的工作环境。这不仅有助于提高团队的整体绩效水平，还能够为组织的可持续发展奠定坚实的基础。

（四）有效沟通

在行为科学管理理论的实施过程中，有效沟通被认为是组织成功的关键要素之一。良好的沟通不仅可以促进信息的传递，还有助于建立透明度、增进员工之间的理解和合作。要实现这一目标，首先需要建立开放的沟通渠道，确保信息能够流畅地在组织内部传递。一个有效的沟通体系应该注重多层次、双向的信息流动。领导者应该与员工建立直接、真实的沟通桥梁，鼓励员工分享意见、提出建议，并确保员工得到及时、准确的信息反馈。通过定期的团队会议、员工座谈会和沟通培训，可以培养员工对沟通的积极态度，增强组织内部信息的传递效果。

除了定期的组织内部沟通，有效沟通还需要注重个体之间的沟通技巧。在实施中，组织可以通过开展沟通技能培训、提供有效的沟通工具和创建在线沟通平台等方式，提升员工的沟通能力。强调积极倾听、理解对方观点的重要性，有助于避免信息的误解和沟通障碍，促进团队协作的顺畅进行。在沟通过程中，信息的透明度和公正性也是至关重要的。组织应该确保信息的传递是明确的、公平的，避免信息的不对称和歧义。建立公开透明的信息分享机制，可以让员工更好地了解组织的运作和决策过程，增强员工对组织的信任感，从而提高组织的凝聚力。一种有效沟通的方式是通过借助科技手段来促进信息的传递。利用现代化的沟通工具，如电子邮件、即时通信工具和在线会议平台，可以实现实时、远程的沟通，方便跨地区或跨部门的信息交流。组织可以通过推广并培训员工使用这些工具，提高沟通的时效性和效率，使信息能够更加及时地传递到各个层级和部门。另一方面，沟通的有效性还需要注重文化的建设。弘扬开放、宽容、尊重的沟通文化，可以营造一个鼓励员工表达观点、提出建议的氛围。组织可以通过设立反馈渠道、表彰积极沟通的员工和建立良好的沟通奖励制度等方式，激励员工参与沟通，形成积极的沟通文化。在实施过程中，领导者的角色不可忽视。领导者应该成为沟通的榜样，展现出积极主动的沟通态度。通过定期的沟通会议、开放式的领导者沟通渠道和个别的沟通时间，领导者可以更好地了解员工的需求和期望，及时回应问题和解决困扰，建立起良好的领导者与员工之间的信任关系。沟通的有效性需要不断评估和调整。组织可以通过定期的沟通反馈机制、员工满意度调查和沟通效果评估等方式，了解沟通的实际效果，及时调整沟通策略，确保沟通的有效性和适应性。通过持续改进沟通体系，组织能够更好地应对变化、提高工作效率，实现组织整体绩效的提升。有效沟通是行为科学管理理论实施的核心要素之一。通过建立多层次、双向的沟通渠道，注重沟通技能的培养，保障信息的透明度和公正性，借助科技手段促进信息传递，弘扬积极的沟通文化，以及领导者的积极参与，组织可以建立起一个高效、和谐的沟通体系，为组织的长远发展奠定坚实基础。

（五）个性化管理

行为科学管理理论中的个性化管理是一种基于深入了解员工个体差异的管理策略，旨在根据员工的需求、特点和价值观，量身定制管理策略，以提高员工的潜力发挥、工作满意度和整体绩效。个性化管理突破了传统一刀切的管理方式，强调个体差异的重要性，通过个性化的发展计划、工作安排、职业发展机会和薪酬体系等方面，满足员工的个体需求，推动组织和员工的共同发展。在实施个性化管理的过程中，首要任务是深入了解员工的个体差异。这不仅包括了他们的工作动机、学习风格、价值观，还包括了职业目标、职业发展需求等方面。通过定期的员工调查、绩效评估和个人面谈，组织能够获取关键的员工信息，为制定个性化的管理策略提供了有力支持。个性化管理的核心在于建立有效的员工评估机制。通过全面了解员工的个体特点，组织可以更好地理解他们的优势和改进空间，为个性化的发展计划和工作安排提供基础。这一评估机制要求是定期的、全面的，以确保员工的需求和组织的变化能够及时得到反映和应对。灵活的工作安排和任务分配是个性化管理的重要体现。理解员工的工作特长和兴趣，将任务分配到他们最擅长的领域，可以提高工作效率和员工的工作满意度。此外，个性化管理还关注工作时间的灵活性和远程工作选项，以满足员工的个体需求，提高他们的工作生活平衡感。提供个性化的职业发展机会是个性化管理的关键组成部分。通过制订个性化的培训计划、提供定制化的职业发展路径，组织可以更好地满足员工个体化的职业目标和发展需求。为员工提供导师制度和个人发展指导，有助于他们更好地规划职业生涯，激发学习动力和工作积极性。个性化管理需要在薪酬体系设计中得到充分体现。个性化的薪酬设计应该根据员工的绩效表现、贡献度和市场价值进行个别调整，以确保薪酬公平和激励效果。引入灵活的奖励制度，如项目奖金、股权激励等，也是激发员工工作动力的有效手段。沟通与反馈是个性化管理不可或缺的环节。通过定期的个体面谈、实时的反馈机制，组织可以更好地了解员工的需求和期望，及时调整管理策略。建立双向沟通渠道，让员工感受到他们的声音被重视，有助于建立良好的员工关系，提高员工的工作满意度。在组织文化方面，个性化管理强调尊重和包容。组织应该鼓励员工展现个性，创造一个尊重多元化、鼓励创新的文化氛围。通过组织内部的文化活动、员工参与决策的机会等方式，组织可以促进员工之间的交流与合作，形成一个共同发展的团队文化。个性化管理同样需要领导者的积极参与。领导者应该成为个性化管理的倡导者，通过个人示范、关心员工的言行，引导整个团队落实个性化管理理念。领导者的关注和支持是激发员工潜力、推动个性化管理实施的重要推手。

（六）培训和发展计划

在行为科学管理理论的实施中，培训和发展计划被视为提高员工能力、推动组织进步的关键要素。有效的培训和发展计划旨在满足员工的学习需求，提升其技能水平，促使其更好地适应组织的变化和挑战。在实施这一计划时，首先需要建立一个全面的培训需求评估机制，以了解员工的现有技能水平、发展潜力和个体差异。培训和发展计划的设计应该贴合组织的战略目标，并与员工的职业发展路径相一致。通过制定明确的培训目标、识别关键的职业能力要求，组织可以为员工提供有针对性的培训，帮助其更好地胜任当前职务，并为未来的晋升和发展打下坚实基础。此外，计划应该灵活多样，以满足不同员工的学习风格和发展需求。一种成功的培训和发展计划需要建立起有效的学习体验。采用多元化的培训方法，如面对面培训、在线学习、实践项目等，可以满足不同员工的学习偏好，增强培训效果。此外，鼓励员工参与实际项目和团队合作，将理论知识与实际工作相结合，有助于提升他们的综合应用能力。个性化的培训计划也是培训和发展的关键要素。通过定制化的培训内容、针对性的学习路径，组织可以更好地满足员工的个体差异，使培训更加贴近员工的实际需求。此外，为员工提供导师制度和个别辅导，帮助他们更好地理解培训内容，提升学习的效果。发展计划的实施也需要注重实时的反馈和评估机制。定期评估培训效果，收集员工的反馈意见，有助于发现培训中的不足之处，及时进行调整和优化。建立明确的学习目标和绩效指标，可以更好地衡量培训的成效，确保培训和发展计划对员工和组织都能够产生实质性的价值。除了技能培训，培训和发展计划还应该注重领导力和团队合作等软技能的培养。通过组织内外的专业培训、领导力发展项目和团队建设活动，可以培养员工的领导力素质和团队协作能力，提升整体组织的绩效水平。在技术日新月异的时代，培训和发展计划还应该注重数字化技能和创新能力的提升。通过引入先进的技术培训工具、组织内外的专业讲座和创新项目，可以使员工紧跟时代潮流，提高其数字化素养和创新意识，为组织的科技创新提供有力支持。发展计划的成功实施需要领导者的积极支持和推动。领导者应该发挥榜样作用，参与培训和发展计划，强调学习的重要性。通过设立激励机制，如表彰学习成就、提供晋升机会等，激发员工的学习动力，推动培训和发展计划的有效实施。培训和发展计划需要不断适应组织变革和市场需求的变化。随着行业竞争的加剧和新兴技术的涌现，培训和发展计划需要不断调整，以满足员工和组织的发展需求。通过建立灵活的培训机制和持续改进的机制，组织可以更好地适应变化，保持在竞争中的领先地位。

第五节　冲突管理理论

一、冲突管理理论的含义

冲突管理理论是指导组织和个体处理冲突的一系列原则和方法，它旨在帮助解决由于不同利益、需求或观点而引起的问题。其中，代表性的人物之一是Kenneth Thomas和Ralph Kilmann，他们共同提出了著名的Thomas-Kilmann冲突模型。Thomas-Kilmann冲突模型的含义体现在其对不同冲突处理风格的分类和指导性的应用上。这一理论认为，人们在处理冲突时往往会表现出协同、回避、斗争、迁就和折中等五种不同的风格。这五种风格代表了个体在冲突解决时的倾向和偏好，通过了解和识别这些风格，可以更好地选择适当的方式来处理冲突。Kenneth Thomas 和 Ralph Kilmann 的贡献在于将冲突处理方式进行了系统的分类和理论化。他们认识到，不同的冲突处理风格适用于不同的情境，而有效的冲突管理需要根据具体情况灵活运用这些风格。这种理论不仅对组织内部的冲突管理有指导作用，也在个体层面提供了解决问题的方法。这一理论的实质在于，冲突并非一成不变的，而是可以通过不同的方式来处理。这种理论的灵活性使其在实际应用中更具实效性。组织和个体可以根据具体情况，选择最适合的冲突处理方式，从而更好地促进团队协作、维护人际关系，推动组织的健康发展。Thomas-Kilmann 冲突模型的含义不仅在于提供了对冲突处理方式的深刻理解，更在于为组织和个体提供了一套实用的工具，帮助其在复杂多变的环境中更好地应对和解决冲突，实现协同合作、共赢发展的目标。

二、冲突管理理论的理念

（一）协同

协同是冲突管理理论中的一种重要理念，强调通过共同合作和协同努力来解决问题，实现各方的共同利益。这一理论体现了对于合作与共赢的强调，对于组织和个体之间互动的积极性和建设性的看法。协同的实践在于通过有效的沟通、团队合作和共同目标的设定，实现冲突的转化为机遇，促使组织和个体在共同奋斗中取得更大的成功。协同的理念注重共同目标的设定。在冲突管理中，明确的共同目标可以作为整个冲突解决过程的引导方向。当各方都以共同的目标为依归时，他们更有可能团结一致，共同努力，而不是陷入对立的状态。协同通过强调目标的共通性，引导各方摒弃过分强调个体利益的观念，从而创造出更有建设性和可持续性的解决方案。协同凸显了有效沟通在冲突解决中的关键性作用。通过积极的信息交流和理解，各方可以更好地感知对方的需求和立场，从而减轻冲突的紧张程度。协同不仅仅是单向的信息传递，更是双方之间的深度沟通，通过倾听和理解彼此，找到共鸣点，推动问题的解决。有效沟通有助于减少误解和歧义，为构建合作基础创造了良好的条件。协同还着眼于团队合作的重要性。在解决冲突时，一个团队的力量往往大于个体的努力。协同强调在整个冲突解决过程中各方之间的协作和互助，通过充分发挥团队的智慧和力量，创造出更具创新性和综合性的解决方案。团队合作有助于整合各方的资源和能力，形成合力，更好地应对复杂的冲突情境。协同强调对冲突的积极看待。冲突并不一定是负面的，相反，它可以被看作是一种潜在的机遇。通过协同的方式，各方可以从冲突中学习，发现问题的根本原因，并寻求更全面、长远的解决方案。协同通过转变人们对冲突的看法，鼓励他们从中获取经验教训，不断改进和进步。在实际操作中，协同的实践可以采用一系列策略和技巧。首先，建立开放的沟通渠道，使各方能够充分表达自己的观点和需求；其次，设定共同的目标，并确保各方都理解和认同这一目标；最后，倡导积极的合作文化，激发团队的凝聚力和归属感。此外，注重领导者的作用，通过激励和示范，引导团队朝着共同目标努力。协同是冲突管理理论中一种强调合作与共赢的理念。通过共同目标的设定、有效沟通、团队合作和积极看待冲突，协同为解决冲突提供了一种全面而有效的方法。在组织和个体层面，协同的实践有助于营造积极的工作氛围，促进合作与创新，实现更可持续的发展。

（二）回避

回避是冲突管理理论中的一种处理方式，指个体或组织选择规避、回避冲突，不主动采取措施解决问题。这一策略的采用通常是基于对冲突可能带来负面影响的担忧，以及对于处理冲突所需成本的考虑。回避并非消极的处理方式，而是在特定情境下的一种合理选择，它有助于在某些情况下维护组织或个体的稳定性，避免冲突升级引发更大的问题。回避可以被视为一种战略性的选择。在某些情况下，处理冲突可能需要投入大量的时间、精力和资源，而且结果并不一定能够令各方都满意。因此，回避可以被看作是一种权衡成本和效益的策略，特别是当冲突的影响较小，或者处理冲突可能引发更大问题时。通过回避，组织或个体可以避免浪费资源在相对次要的问题上，更专注于关键业务和任务。回避强调了时间的重要性。在某些情况下，冲突可能是暂时的、自然的过程，如果过度强调冲突的解决，反而可能引起更多的问题。回避为各方提供了一段时间来冷静思考、消化信息，以便更好地理解冲突的本质。有时，问题可能随时间的推移而自然解决，而不需要直接的干预。因此，回避也是对于时间因素的一种合理利用。回避有助于维护人际关系。在处理冲突时，可能会涉及到双方的情绪、立场和利益，如果处理不当可能导致关系的破裂。回避可以被视为一种回避冲突升级的方式，以防止争论和对立进一步加剧。通过暂时回避，各方有机会冷静下来，避免冲突对关系造成不可修复的损害，为日后更有建设性的对话创造条件。回避并非适用于所有情况。在一些重大的冲突或需要紧急处理的情境下，过度的回避可能会导致问题的积累，最终爆发成更为严重的矛盾。回避也可能使组织或个体错失解决问题的机会，错过改进和进步的可能性。因此，在选择回避策略时，需要充分考虑具体情境，权衡利弊，确保回避的决策是明智和可持续的。在实际操作中，回避的策略可以通过几种方式来体现。首先，可以通过延迟决策来实现回避，让各方有更多时间来深入思考和准备；其次，可以通过转移注意力，将冲突置于次要位置，以应对更紧迫和重要的事务。此外，可以通过采用委托他人来处理冲突，将问题移交给具有更合适技能的人来解决。这些方式都是回避策略的具体表现，它们有助于在特定情境下实现回避的战略目标。回避是冲突管理理论中的一种合理策略，强调在特定情境下通过权衡成本、时间和人际关系的考虑，以达到维护稳定性和避免冲突升级的目的。在组织和个体层面，合理使用回避策略有助于保持平衡，避免不必要的摩擦和矛盾，为更有效的冲突解决策略创造条件。

（三）斗争

斗争是冲突管理理论中的一种处理方式，通常表现为强烈的竞争态势，强调通过争夺、竞争来达到个体或组织的目标。这种策略强调坚定的立场和追求自身利益的决心，认为通过斗争可以赢得更多资源、权力或地位。斗争的实践需要具备领导力、决策力和竞争力，同时也需要谨慎考虑与他人的关系以避免长期负面影响。斗争凸显了个体或组织的竞争力。在一些竞争激烈的环境中，为了获得更多的资源、市场份额或权力，采用斗争的方式可以在竞争中占据有利地位。斗争强调了对目标的坚持和对成功的渴望，通过不懈的努力和劫持机会，个体或组织有望在激烈的竞争中脱颖而出。斗争是一种展现领导力的方式。领导者通常需要在竞争激烈的环境中展现出坚定的决心和优越的能力，通过有效的战略和执行力来引导团队赢得竞争。斗争强调领导者的胆识和智慧，通过决策和执行来实现个体或组织的长远目标。在斗争中，领导者的作用尤为关键，他们需要有清晰的愿景和战略，能够激发团队的斗志和执行力。斗争强调了目标的明确性和坚持不懈。在竞争激烈的环境中，目标的清晰性是成功的关键。通过明确目标，个体或组织能够更好地制定战略和计划，全力以赴地争取胜利。斗争注重在困难面前保持坚持不懈的品质，通过克服挑战和困境来实现自身的价值和目标。过度的斗争可能导致负面影响。在一些情况下，过于强调竞争和斗争可能会破坏人际关系，引发恶性竞争，甚至可能导致团队的分裂。此外，斗争也须要谨慎处理与他人的关系，避免因为过度竞争而失去支持和合作的机会。因此，在采用斗争策略时，需要平衡竞争和合作的关系，以确保整体目标的实现。在实际操作中，斗争的策略可以通过一系列手段和方法来体现。首先，需要明确自身的优势和竞争优势，以便更好地制定战略；其次，要善于把握时机，灵活运用各种资源和信息，找准竞争的突破口；最后，要加强团队的凝聚力和执行力，确保团队能够有效地执行战略，取得胜利。斗争是冲突管理理论中的一种处理方式，适用于竞争激烈、资源争夺较为明显的情境。通过斗争，个体或组织可以展现领导力，实现目标的明确性和坚持不懈，但需要谨慎处理与他人的关系，避免产生长期负面影响。在竞争中，斗争策略是一种重要的选择，其成功与否取决于领导者的智慧和执行力，以及组织的整体协同和执行力。

（四）迁就

迁就是冲突管理理论中一种处理方式，强调通过让步和妥协来避免或减轻冲突，以维护人际关系和组织和谐。这一策略强调个体或组织的灵活性和善于妥协的品质，通过让步来满足他人的需求，促进共赢的结果。迁就并非是软弱或失败的表现，而是在特定情境下明智的决策，有助于避免激烈的对抗，保持良好的合作氛围。迁就注重维护人际关系。在组织或团队中，人际关系的和谐对于整体工作氛围和团队协作至关重要。通过迁就，个体或组织表现出对他人需求的关切和尊重，强调共同利益，从而在处理冲突时避免了对立和敌对的态势。迁就有助于建立互信和合作的基础，推动团队朝着共同目标努力。迁就体现了个体或组织的灵活性和智慧。在复杂多变的环境中，固执已见和强硬立场可能不利于问题的解决。通过迁就，个体或组织展现了一种灵活适应的品质，能够根据具体情境调整自己的立场，以求得更好的整体结果。这种灵活性有助于避免陷入僵局，促使冲突得到更为积极的解决。迁就有助于在短期内维持稳定。有些冲突可能是暂时的、可以通过迁就得以解决的。在这种情况下，迁就可以被看作是一种临时性的妥协，为各方创造出一个相对平稳的环境，使得问题不会进一步恶化。通过迁就，可以在保持团队和谐的同时，争取更多的时间来寻找更为全面和长远的解决方案。

过度的迁就可能带来长期的负面影响。如果个体或组织过于频繁地采用迁就策略，可能导致自身权益的受损，陷入不断让步的被动局面。因此，在采用迁就策略时，需要在确保维护关系的同时，保持对自身目标和价值的关注，避免陷入不利的处境。在实际操作中，迁就的策略可以通过一系列方法来体现。首先，可以通过灵活运用妥协的方式，找到双方可以接受的解决方案。其次，要注重沟通和理解，通过深入了解他人的需求和立场，找到共同点，为让步创造更为有利的条件。最后，可以在冲突解决的过程中强调共同目标，强化团队合作的意识，以促进更好的迁就。迁就是冲突管理理论中的一种处理方式，通过让步和妥协来避免或减轻冲突，以维护人际关系和组织和谐。在特定情境下，迁就是一种明智的选择，有助于在维持关系的同时促进团队的合作和协调。然而，需要在实践中平衡迁就和坚持的度，以确保个体或组织不至于过度让步而损害自身利益。

（五）折中

折中是冲突管理理论中的一种处理方式，强调在处理冲突时采取平衡和综合的策略，兼顾各方的利益，通过妥协和合作实现最佳解决方案。这一理论认为，在某些情境下，过于强调竞争或过于迁就都可能导致问题，因此需要在各种处理方式之间取得平衡，以最大程度地满足各方的需求，达到共赢的目标。折中注重整体利益的最大化，在处理冲突时，折中的理念认为通过在各方之间取得平衡，可以最大限度地满足整体的需求和目标。这要求各方都做出一些妥协，但最终目标是达到一个共同的、相对公正的解决方案。折中的实践有助于防止过度强调个体或组织的立场，强调整体利益的最大化。折中强调变通和灵活性。在处理复杂的冲突时，可能需要不同的方法和策略。折中的实践要求个体或组织具备变通的能力，能够根据不同情境灵活运用不同的处理方式。这种灵活性有助于在不同的冲突情境中找到最合适的平衡点，从而更好地解决问题。折中注重建立积极的合作文化。在整体目标明确的情况下，折中的策略强调通过合作和协商来达成共同的解决方案。这要求各方都愿意就共同目标展开合作，通过有效的沟通和团队合作来克服冲突。折中强调通过建立积极的合作文化，推动各方共同为解决问题而努力。折中并非在所有情境下都适用。在一些紧急情况或权力不平等的情境中，可能需要更强调竞争或迁就的策略。因此，在采用折中策略时，需要充分考虑具体情境，权衡各种因素，确保折中是一种合理和可行的选择。在实际操作中，折中的策略可以通过一系列方法来体现。首先，需要建立有效的沟通机制，确保各方能够充分表达自己的需求和立场；其次，要设立明确的共同目标，使各方在追求共同目标的过程中形成一种合作的氛围；最后，要注重团队建设，强化合作意识和团队凝聚力，以推动各方的协同努力。折中是冲突管理理论中的一种平衡和综合的处理方式，强调通过妥协和合作来达到最佳解决方案。在处理复杂的冲突时，折中的策略能够有效地平衡各方的需求，促使共赢的结果。然而，在实践中需要谨慎选择折中的程度，确保不过度迁就或过度强调竞争，以便实现最理想的冲突解决方案。

三、冲突管理理论的原则

（一）积极沟通原则

冲突管理理论中的积极沟通原则是解决和化解冲突过程中至关重要的一环。积极沟通不仅是信息传递的方式，更是构建理解、促进合作、化解误解的关键工具。这一原则强调在冲突情境中倡导开放、坦诚、尊重的沟通方式，旨在创造一个有利于建立信任、加深理解、寻求共同解决方案的交流环境。积极沟通的核心在于双方的相互倾听和理解。首先，个体需要学会表达自己的观点、感受和需求，确保信息传递准确清晰。这包括清晰地陈述立场、用明确的语言表达需求，并通过恰当的非语言信号传递情感状态。在表达过程中，强调使用"我语"而非"你语"，避免指责和攻击性的措辞，以免加剧紧张氛围。其次，积极沟通要求个体具备倾听的技能。这包括主动聆听对方的观点，理解其感受和需求。倾听不仅涉及听到对方说的话，更包括理解其背后的动机和意图。通过倾听，个体能够更全面地了解冲突的本质，避免基于片面或误解的信息做出决策。在积极沟通的原则中，尊重也是一个关键的要素。尊重意味着理解和接受对方的独特性、观点和感受。在冲突中，尊重可以通过避免贬低对方、尊重其权利和尊严来体现。个体需要认识到，尊重是建立互信和合作的基础，有助于打破冲突的僵局。此外，积极沟通原则还强调建立良好的沟通氛围。这包括在沟通中创造一个安全、包容的环境，使得双方都能自由地表达观点而不担心被批评或指责。建立良好的沟通氛围需要营造开放的文化，鼓励分享信息和想法，以及提供适当的反馈。在冲突管理中，积极沟通原则还强调情绪智慧的重要性。个体需要能够有效地管理自己的情绪，并理解对方的情感状态。这包括意识到情绪对决策和行为的影响，以及学会在情绪高涨时冷静地表达观点。通过情绪智慧，个体能够更有效地处理冲突，防止情绪升级成为问题的一部分。在实践积极沟通原则时，建立反馈机制也是至关重要的。反馈提供了一个学习和改进的机会，帮助个体更好地理解对方的期望和反应。通过及时、建设性的反馈，双方可以不断调整和改进沟通方式，促进关系的进一步发展。积极沟通原则是冲突管理理论中的关键要素，旨在建立互信、加深理解、化解误解，为冲突的解决提供基础。这一原则强调个体在沟通中的积极参与、倾听和尊重对方，通过有效的信息交流和理解，创造一个有益于合作和协商的环境。在实践中，积极沟通原则有助于提高冲突解决的效果，促进团队和组织的和谐发展。

（二）利益导向原则

冲突管理理论中的利益导向原则是一项关键性的指导性原则，强调在处理冲突时，应以参与各方的利益为核心，通过寻求共同利益、协商和合作的方式，达成双赢的解决方案。这一原则体现了对互惠关系、合作和共赢思维的重视，旨在避免零和博弈，从而促进更加稳健和可持续的人际关系。利益导向原则强调在冲突解决中应关注各方的利益，而不仅仅是关注立场或立场之间的分歧。立场是表面上的差异，而利益则涉及到更深层次的需求、目标和价值。通过了解各方的利益，冲突管理者能够更全面地理解问题的本质，找到解决方案的关键因素。利益导向原则鼓励寻求共同的利益点。即便在看似对立的立场中，仍然可能存在一些共同的目标或需求。通过发现和强调这些共同点，冲突管理者可以为双方创造一个更具合作潜力的环境。这种共同利益的强调有助于化解对立情绪，将冲突从零和博弈转化为共赢合作的机会。利益导向原则提倡协商和合作。通过协商，各方可以就满足彼此利益的方式达成一致。合作强调团队合作和共同努力，以实现共同的目标。这种方式不仅使冲突各方能够共同探讨解决方案，还有助于建立彼此之间的信任和合作关系。利益导向原则关注的不仅是眼前的问题解决，更是长期的关系维护。通过注重各方的利益，冲突管理者可以在解决问题的同时，保持关系的稳定和可持续性。这有助于防止冲突反复发生，促使各方建立更加稳固的合作基础。在利益导向原则的引导下，冲突管理者需要具备一定的谈判和沟通技巧。他们应当能够善于倾听，理解各方的关切和期望，同时通过有效的沟通传达自己的观点和利益。此外，冲突管理者需要具备问题解决的能力，能够寻找创造性的解决方案，使各方在协商中都能得到满足。利益导向原则是冲突管理理论中的一项重要原则，它强调通过关注各方的利益，寻求共同点，协商合作，实现双赢。这种原则不仅有助于解决当前的冲突问题，更能够为建立稳固的人际关系和团队协作提供坚实的基础。在复杂多变的社会环境中，善于运用利益导向原则的冲突管理者将更有可能取得成功，促进和谐发展。

（三）协作与合作原则

冲突管理理论中的协作与合作原则是一项至关重要的指导原则，着眼于通过共同努力、团队合作的方式来解决冲突，实现双方的共赢。这一原则强调了集体智慧和共同目标的力量，旨在打破零和博弈的格局，为冲突的解决提供更为创造性和可持续的途径。协作与合作原则强调个体或团队之间的共同努力，使得冲突的解决不再是一场单方面的较量，而是通过协同合作达成的共同努力。这种理念体现了团队的力量，通过协作，个体可以将各自的专长和资源集中起来，共同应对冲突所带来的挑战。协作与合作原则鼓励各方共同追求共同的目标。在冲突解决的过程中，确定共同的目标有助于各方聚焦在解决问题的核心，而非固守各自的立场。这种共同目标的确立不仅有助于集中精力，更能够激发参与者的积极性和创造性，推动解决方案的出现。协作与合作原则倡导尊重和理解的文化。在团队协作中，尊重他人的观点、经验和贡献至关重要。这种尊重不仅体现在对话和决策中，更包括对各方利益和需求的理解。通过尊重和理解，团队成员能够建立起相互信任的关系，为冲突的解决提供有力的基础。协作与合作原则还注重共享信息和透明沟通。在团队中，信息的共享和开放的沟通是推动合作的关键。透明度可以降低信息不对称，减少误解，促使各方更好地理解彼此的立场和期望。这有助于构建更加开放和协作的沟通氛围。在实践中，协作与合作原则需要具备团队合作的意识和技能。冲突管理者应当激发团队成员之间的协同工作精神，鼓励分享信息、经验和见解。通过设立共同的目标和激励机制，管理者可以引导团队成员将个体的努力汇聚到整个团队的目标上，实现共同的成功。协作与合作原则是冲突管理理论中的一项关键原则，强调通过团队协作实现冲突的解决与双赢。这一原则体现了集体智慧和团队合作的力量，有助于构建和谐的人际关系，提高问题解决的效率。在当今复杂多变的社会环境中，善于运用协作与合作原则的冲突管理者将更能够引领团队取得成功，创造共同的繁荣。

（四）灵活性原则

冲突管理理论中的灵活性原则是指在处理冲突时，个体或组织需要具备灵活性和变通性，以适应不同的情境、人际关系和问题复杂性。这一原则强调了在冲突解决过程中的适应性，以及在面对多样化挑战时采取灵活的策略和方法。灵活性原则强调理解和适应不同的冲突情境。冲突可能由多种因素引起，包括文化差异、个性差异、权力斗争等。灵活性要求冲突管理者能够识别并理解这些情境的复杂性，不固守于一成不变的解决模式，而是根据具体情况灵活调整策略。灵活性原则鼓励采用多样化的解决方法。不同的冲突可能需要不同的处理方式，因此冲突管理者需要灵活地选择和运用各种解决工具和技巧。这可能包括妥协、协商、调解、合作等多种方法，取决于冲突的性质和参与方的需求。灵活性原则注重在冲突处理中适度运用权威和合作。有时，冲突可能需要强有力的领导和决策，而有时则需要更为合作和民主的方法。灵活性要求冲突管理者能够根据具体情况灵活调整权威与合作的平衡，以达到最佳的解决效果。灵活性原则关注个体或组织在解决冲突过程中的学习和适应能力。冲突解决并非一次性的任务，而是一个动态的过程。通过不断学习和适应，个体或组织可以提高对冲突的敏感性，积累更多的解决经验，并更好地应对未来的冲突挑战。在实践中，灵活性原则需要冲突管理者具备一系列关键技能，包括沟通技巧、问题解决能力、情绪智力等。他们需要能够灵活运用这些技能，根据不同的情境和冲突特点进行调整。此外，组织也需要在文化和制度层面支持灵活性的发展，为冲突管理提供灵活的环境和资源。灵活性原则是冲突管理理论中的一项关键原则，强调在处理冲突时的适应性、多样性和学习能力。通过灵活性，个体或组织能够更好地理解和应对复杂多变的冲突情境，实现更为有效的解决和发展。在当今变幻莫测的社会环境中，灵活性原则对于建立强大的冲突管理能力具有重要意义，为个体和组织创造更加灵活、适应性强的冲突解决策略。

（五）包容性原则

冲突管理理论中的包容性原则是指在处理冲突时，应以包容、尊重和理解为基础，积极纳入各方的意见、需求和观点，促进多元化的参与和合作。这一原则倡导在冲突解决过程中营造一个开放、包容的环境，以最大限度地考虑各方的利益和关切，实现公正、公平的解决方案。包容性原则强调尊重和理解的重要性。在冲突管理中，尊重不仅仅是一种表面的礼貌，更是对个体差异的认可和尊重。理解则意味着深入了解各方的需求、背景和动机，以建立起更加真实、深厚的人际关系。通过尊重和理解，冲突管理者能够创造一个安全、开放的沟通环境，为有效的冲突解决奠定基础。包容性原则鼓励多元化的参与。在冲突解决中，不同的人可能有不同的观点和利益。包容性要求冲突管理者主动纳入各方的意见，不偏袒任何一方，确保每个参与者都有机会表达自己的看法。通过多元化的参与，可以为问题的全面理解和综合解决方案的产生提供条件。包容性原则注重公正和公平。在冲突解决中，公正是指在对待各方时不偏袒任何一方，公平则是确保每个人都有平等的机会和权利。包容性要求冲突管理者在制定和执行解决方案时考虑到各方的权益，避免偏见和不公平的现象。这有助于建立起受众对解决方案的信任和接受。包容性原则关注建设性的沟通和合作。在包容性的环境中，沟通不仅仅是信息的传递，更是理解和合作的桥梁。冲突管理者需要倾听各方的声音，鼓励开放而建设性的对话，以促进问题的深入讨论和寻找共同的解决方案。合作则是包容性的产物，通过各方的共同努力，可以实现更为持久和全面的解决。在实践中，包容性原则需要冲突管理者具备良好的沟通技能、文化敏感性和公正判断力。他们需要能够主动倾听，尊重不同的文化和价值观，以及公正地处理冲突中的权益分歧。组织也应该在文化和政策上支持包容性的理念，鼓励员工参与决策和解决问题的过程。包容性原则是冲突管理理论中的一项关键原则，强调在冲突解决中尊重、理解、纳入各方的意见和需求，创造一个平等、开放的沟通环境。这一原则有助于建立和谐的人际关系，促进多元文化的融合，实现公正、公平、全面的冲突解决。在现代社会中，面对不断增加的多元性和复杂性，包容性原则的应用将成为冲突管理中不可或缺的指导思想，为个体、组织和社会创造更加和谐、稳定的发展环境。

第三章 管理沟通过程、目标和原则

第一节 管理沟通的过程和要素

一、管理沟通的过程

（一）设定沟通目标

设定沟通目标是有效沟通的基础。在进行任何沟通之前，明确沟通的目的是什么至关重要。这个过程不仅帮助确保信息的准确传达，还有助于达到期望的结果。设定沟通目标有助于明晰信息传递的方向。通过明确要传达的信息，发起人能够更清晰地表达自己的意图，避免信息冗余或混淆。例如，在团队会议上，设定目标可能是向团队介绍一个新项目的重要细节。这样一来，发起人就能够集中精力讲解这些细节，而不是离题太远，使得信息变得混乱不堪。设定沟通目标有助于建立共享的期望。明确传达信息的目的意味着明确了期望的反馈和行动。如果目标是确保团队明白一个紧急项目的截止日期，那么期望的反馈可能包括对这个截止日期的理解，以及团队成员对于如何分配任务的建议。这有助于确保信息的理解程度和团队对于下一步行动的一致性。设定沟通目标对于激发参与和共鸣也非常关键。当人们知道沟通的目标并认为这个目标对他们自己和整个组织都有重要意义时，他们更有可能积极参与，并与信息产生共鸣。例如，如果一个团队领导者明确目标是为了促进团队协作，那么团队成员就能够理解他们个人的贡献是如何与整个团队目标相关联的。设定沟通目标有助于评估沟通的成功程度。如果在沟通之后能够实现预期的结果，就说明沟通目标的设定是有效的。这可以为组织提供宝贵的反馈，有助于改进未来的沟通策略。如果目标是提高团队的工作效率，那么可以通过测量项目完成的时间、准确性等指标来评估沟通的成功与否。设定沟通目标是一项战略性的工作，它为沟通提供了方向和目标，确保信息的准确传达，并最终实现组织的期望结果。这个过程是建立在清晰、共享的愿景基础上的，有助于形成积极的沟通氛围，推动组织向成功的方向迈进。

（二）选择适当的沟通渠道

选择适当的沟通渠道是确保信息迅速、准确传达的关键步骤。在当今复杂多样的沟通环境中，不同的信息和情境确实需要相应的沟通方式。这个过程不仅仅涉及选择合适的工具，还需要考虑目标受众的特点以及信息的紧急程度。了解信息的性质是选择沟通渠道的基础。某些信息可能适合口头交流，比如在小组会议上分享创意想法或解释复杂概念。而其他信息可能更适合书面形式，比如发送电子邮件或使用即时消息应用程序传达重要的事务性信息。确保选择的沟通方式与信息的性质相匹配，有助于提高信息的理解和接受度。了解目标受众的特点对于选择合适的沟通渠道至关重要。如果目标受众分布在不同的地理位置，视频会议或在线协作工具可能是更好的选择，以便实现实时互动和协作。如果受众主要是年轻的数字原住民，社交媒体平台可能是有效的传播信息的途径。通过了解受众的偏好和习惯，可以更好地选择适当的沟通渠道，增加信息的传播效果。沟通的紧急程度也是选择沟通渠道的考虑因素之一。在紧急情况下，即时通信工具、电话或紧急会议可能是更为合适的选择，以确保信息在最短时间内被接收和理解。相反，对于一些非紧急的信息，可以选择更为正式的渠道，比如正式的会议、报告或公告，以确保信息被更全面地传达和记录。综合考虑各种因素，形成多渠道的沟通策略也是一个不错的选择。通过采用多种沟通方式，可以更全面地覆盖不同的受众群体，确保信息能够以多样的形式传达。这有助于避免信息的单一化传递，提高信息的覆盖面和影响力。

（三）考虑接收者的背景和需求

在沟通过程中考虑接收者的背景和需求是确保信息传达有效性的关键因素。受众的知识水平、文化背景和个人需求对沟通的成功起着至关重要的作用。通过深入了解受众的特点，能够更精准地调整沟通方式，确保信息不仅能够被理解，还能够被接受和应用。了解受众的知识水平对于调整沟通方式至关重要。不同的受众可能具有不同的专业知识水平，从初学者到专业人士不一而足。在沟通时，要使用受众能够理解的语言，避免过度使用专业术语，以确保信息的准确传递。对于高度专业的受众，可以更深入地探讨相关领域的细节，而对于不太熟悉的受众，则应采用更为简明扼要的表达方式。考虑受众的文化背景是有效沟通的关键。文化差异可能影响人们对于语言、符号和礼仪的理解。因此，在沟通过程中，要谨慎处理可能引起文化误解的元素。了解受众的文化价值观、信仰和传统，有助于选择更为包容和贴近受众文化的表达方式，从而降低误解的可能性，建立相互尊重的沟通氛围。关注受众的个人需求也是调整沟通方式的关键因素。每个人在接受信息时都有不同的需求和偏好。一些人可能更倾向于通过文字来理解信息，而另一些人可能更喜欢通过视觉或听觉渠道获取信息。在满足这些个人需求的同时，还要考虑受众的兴趣和关注点。通过针对性地呈现信息，使之与受众的实际关切相契合，可以提高信息的吸引力和接受度。建立双向沟通机制是确保信息被理解和接受的重要手段。在沟通过程中，不仅要传递信息，还要积极倾听受众的反馈。了解受众对信息的理解程度，及时解答疑问，调整表达方式，以确保信息能够更好地被接受和应用。双向沟通不仅有助于弥补信息传递的漏洞，还能够建立起更加开放和信任的沟通氛围。

（四）主动倾听

主动倾听是沟通过程中的一项关键技能，它不仅凸显了尊重和关注他人的重要性，还能够促进有效的双向交流。在沟通的复杂网络中，除了传达信息，理解和回应接收方的反馈和观点同样至关重要。主动倾听的实践不仅使沟通更为深入和有意义，还能够建立良好的关系和增进团队合作。主动倾听强调了双向沟通的本质。沟通并非仅仅是信息的单向传递，而是一个相互作用的过程。通过主动倾听，我们展示了对接收方观点和感受的关注，使得沟通变得更加平等和包容。这种开放式的沟通环境有助于建立信任，并促使参与者更加愿意分享真实的想法和感受。主动倾听为建立有效的沟通桥梁提供了机会。通过倾听对方的反馈，我们能够更好地理解他们的观点和期望。这种理解有助于避免误解和不必要的冲突，使得沟通更加精准和有针对性。当我们能够准确把握对方的立场时，就能更好地调整自己的表达方式，使信息更易被接受。主动倾听是解决问题和改进沟通效果的有效途径。通过仔细聆听对方的问题和建议，我们能够识别潜在的困扰点和改进空间。及时回应对方的关切，解答疑虑，不仅能够解决问题，还有助于建立积极的沟通氛围。在团队合作中，主动倾听更是推动创新和共同目标实现的关键因素。主动倾听有助于促进良好的人际关系。通过表现出对他人观点的尊重，我们能够建立起更加紧密的连接。这有助于缓解紧张气氛，增强团队凝聚力。在领导层面，主动倾听也是有效的领导力体现，能够赢得团队的尊重和支持。

（五）解决沟通障碍

解决沟通障碍是确保信息准确传递的关键步骤，因为在沟通的复杂环境中，各种因素可能导致信息的歧义和失真。及时识别和应对这些问题，有助于建立更加有效和健康的沟通氛围，促进团队协作和组织发展。误解是常见的沟通障碍之一。人们的语言表达和理解方式因文化、教育和经验等因素而各异，容易导致信息的误解。为了解决这一问题，重要的是在沟通中采用清晰简洁的语言，并时刻保持沟通双方的信息对等。双向确认和反馈机制也是有效的手段，确保信息的准确传达，避免误解引发的问题。信息过载是另一种可能的沟通障碍。在信息爆炸的时代，人们往往面临大量信息的挑战，容易导致混淆和忽略重要信息。解决这一问题的关键在于筛选和整理信息，将关键信息凸显并以易于理解的方式呈现。采用清晰而有序的沟通结构，以及适度的信息量，可以帮助降低信息过载的风险。

文化差异也可能成为沟通的障碍。不同文化背景的人可能对语言、礼仪、和表达方式有不同的理解和期望。为了解决这一问题，需要在沟通中展现文化敏感性，尊重和理解不同文化间的差异。在多文化团队中，培养跨文化沟通的意识和技能是至关重要的，有助于构建一个共融的工作环境。解决沟通障碍的另一个方法是鼓励开放的沟通氛围，使员工感到可以自由表达意见和提出问题。这需要领导者和组织提供安全的空间，鼓励员工分享看法和反馈。采用定期的团队会议、工作坊或反馈机制，可以帮助发现并解决潜在的沟通问题，从而提高整个团队的沟通效果。及时处理冲突是解决沟通障碍的关键一环。沟通障碍可能导致误解和不满，最终演变成冲突。通过开放、透明和建设性的沟通，及时发现和处理潜在的冲突，有助于缓解紧张气氛，维护团队的和谐关系。

（六）及时反馈

及时反馈是沟通过程中的关键环节，它不仅有助于确认信息是否被正确理解，还能够及时纠正误解，防止信息失真。在快速变化和多元化的工作环境中，及时反馈是建设性沟通的不可或缺的一环，有助于促进团队的学习和发展。及时反馈有助于验证信息的准确性。在沟通中，信息可能因为语言表达、文化差异或其他因素而产生歧义。通过及时反馈，我们能够了解接收方是否正确理解了信息的含义，从而在第一时间发现并纠正潜在的误解。这有助于确保信息的准确传达，避免信息在沟通过程中发生偏差。及时反馈有助于建立开放的沟通氛围。当接收方感到他们的观点和反馈受到重视时，他们更有可能积极参与沟通过程。及时反馈鼓励了沟通的双向性，使得信息流动更加顺畅。在一个开放的沟通环境中，人们更愿意分享观点、提出问题，并为改进和创新提供有益的建议。及时反馈有助于防止信息失真和误解的进一步扩大。在快节奏的工作环境中，信息的失真可能会在瞬息间蔓延开来，导致严重的沟通问题。通过及时获得反馈，我们能够快速识别并解决潜在的问题，避免信息传播过程中的滚雪球效应。这种即时的纠正机制有助于维护信息的准确性和真实性。及时反馈是学习和改进的重要动力。通过了解他人对信息的理解和反应，我们能够获取新的观点和见解，促进个体和团队的学习。及时反馈也为持续改进提供了关键信息，帮助组织调整沟通策略，以更好地适应变化的环境和需求。建立高效的反馈机制是确保及时反馈的关键。这包括设立明确的反馈渠道，鼓励开放而建设性的反馈文化，以及及时回应反馈并采取必要的行动。在团队和组织层面，建立定期的反馈机制，如定期会议或评估，可以确保反馈过程是系统性和持续的。

（七）持续改进

持续改进是确保沟通效果最大化的关键环节。在动态和不断变化的工作环境中，及时审视沟通效果、吸取经验教训，并不断调整改进沟通策略和流程是组织保持竞争力和卓越表现的必备条件。定期审视沟通效果有助于了解沟通的实际情况。通过定期进行沟通效果的评估，可以收集反馈、观察实际效果，并识别潜在的问题和挑战。这有助于确定哪些沟通策略取得了成功，哪些方面需要改进。这种系统性的评估提供了一个全面的视角，为组织提供了及时的洞察，帮助制订有针对性的改进计划。吸取经验教训是持续改进的基础。通过分析过去的沟通活动，了解成功的因素和失败的原因，能够从经验中吸取宝贵的教训。这种学习过程有助于识别模式和趋势，为未来的沟通活动提供指导。对于失败的沟通，尤其是由于误解、信息失真或文化差异导致的问题，吸取经验教训是防范类似问题的重要手段。及时调整和改进沟通策略是持续改进的重要一环。根据定期的评估和学习的经验教训，组织应灵活调整沟通策略，以适应不断变化的环境。这可能包括更新沟通渠道、优化信息传递的方式、提供额外的培训以加强团队的沟通技能等。持续改进要求组织具备适应变化和灵活性的能力，以及对新兴技术和最佳实践的敏感性。建立开放的沟通文化也是持续改进的重要组成部分。在这样的文化中，员工被鼓励分享自己的观点、提出建议，并提供有关沟通效果的反馈。通过建立一个开放、透明的环境，组织能够更容易识别潜在问题，也能够更快速地响应变化并进行相应的改进。

二、管理沟通的要素

（一）编码与译码

管理沟通的成功关键在于有效的编码和译码过程。编码是指将思想、信息、意愿等转化为符号、语言或其他可传递的形式的过程。在组织中，领导者和管理者需要具备良好的编码能力，以确保他们的意图和信息能够清晰地传达给团队成员。这包括选择适当的词汇、语气和沟通渠道，以便达到预期的效果。领导者需要考虑到团队成员的背景、经验和文化差异，以便更好地调整编码方式，确保信息能够被理解和接受。在编码完成后，信息被传递到接收者，进入译码的阶段。译码是指接收者理解和解释编码信息的过程。在管理沟通中，领导者需要考虑到不同个体对信息的理解方式和解释角度。这涉及到理解团队成员的语境、背景和心理状态。有效的译码需要建立在良好的沟通氛围基础上，包括积极倾听、主动反馈和及时澄清的能力。成功的管理沟通不仅仅依赖于领导者的良好编码和团队成员的有效译码，还需要注重编码和译码之间的互动。领导者应该鼓励开放的沟通渠道，促使团队成员提出问题、提供反馈，以确保双向的信息流动。这种互动性有助于纠正可能的误解和偏见，提高信息的准确传递。管理者还可以通过定期的团队会议、工作坊和个别沟通来加强编码和译码之间的互动过程。除了领导者与团队成员之间的编码与译码，团队成员之间的沟通也是组织中不可忽视的一环。在团队内部，每个成员都既是信息的编码者，又是信息的译码者。有效的团队沟通需要建立在互信、尊重和开放的基础上，以促使团队成员更好地理解和支持彼此。管理者可以通过组织团队建设活动、培训和工作坊来加强团队内部的编码与译码能力，从而提高整体团队的协作效能。管理沟通的要素在于领导者和团队成员之间的有效编码与译码过程，以及团队内部成员之间的互动沟通。通过关注语境、文化背景和心理差异，建立积极的沟通氛围，以及促进双向信息流动，组织可以实现更加有效和协同的管理沟通，从而提升整体绩效水平。

（二）通道

管理沟通中，选择适当的沟通通道是确保信息准确传达和团队协作的关键要素。通道是信息传递的路径，可以通过不同的媒介和方式来实现。书面沟通是一种常见的通道，包括电子邮件、备忘录、报告等。这种方式可以提供正式、明确的信息，便于记录和查阅。然而，书面沟通也容易引发误解，因为缺少面对面的语音和非语言元素。在选择书面沟通时，管理者需要注意语言的准确性和清晰度，以及信息的格式化，以便更好地传递意图。口头沟通是一种直接的传递信息的方式，包括会议、电话、面谈等。这种通道能够传递更多的语音和非语言信息，有助于减少误解和提高效率。然而，口头沟通也可能受到时间和地点的限制，需要在参与者之间找到共同的时间和地点。管理者在口头沟通中需要注重清晰表达，有效倾听，以及及时提供反馈。近年来，随着技术的发展，电子沟通成为组织中常用的通道之一，包括即时通信、视频会议、社交媒体等。这种通道可以实现实时沟通，弥补了时间和地点的限制。然而，电子沟通也存在信息安全性、理解误差和沟通效果的挑战。管理者在使用电子沟通时需要选择适当的平台，并明确沟通的目的和规范。除了这些传统的通道外，组织还可以通过创新的方式来拓展沟通通道。例如，组织内部的社交平台、虚拟团队协作工具等，可以促进团队成员之间更加实时、灵活的信息交流。管理者需要密切关注新兴的沟通技术，以满足不同团队成员的需求，提高团队的协作效能。在选择沟通通道时，管理者需要根据具体情境和信息的性质进行灵活运用。不同的通道适用于不同的沟通目的，管理者需要根据信息的重要性、紧急程度和接收者的特点来做出明智的选择。同时，建立多元化的沟通渠道，鼓励员工提供反馈，有助于提高整体沟通的效果。沟通通道是管理沟通的重要因素之一，影响着信息传递的质量和效率。管理者需要根据具体情境和目的选择适当的通道，并注重不同通道之间的协调和互补，以确保信息能够清晰、准确地传达，促进团队的顺畅协作。

（三）反馈

反馈是管理沟通中至关重要的要素之一，它不仅是信息传递的关键环节，还是促进个体和团队学习、发展的强大工具。在组织中，反馈是一个双向的过程，涉及到信息的发送者和接收者，通过明确的信息回馈，可以不断优化沟通效果，增进团队合作，提高整体绩效。反馈可以加强信息的准确性和清晰度。在信息传递的过程中，发送者通过接收者的反馈了解信息是否被理解，是否存在歧义或误解。接收者的回应可以帮助发送者及时调整表达方式、提供更多背景信息，确保信息的准确传达。这种双向的信息验证有助于避免沟通中常见的问题，如信息失真、误解和传达偏差。反馈是激发员工学习和发展的关键机制。通过及时、具体的反馈，员工可以了解自己的工作表现，发现优点和改进的空间。正面的反馈可以增强员工的自信心和工作动力，而建设性的反馈则为员工提供改进的方向和方法。管理者在给予反馈时，应注重平衡正面和建设性的元素，激发员工的积极性，同时帮助他们更好地应对挑战。反馈有助于建立健康的组织文化。一个注重反馈的组织通常更加开放、透明，鼓励员工分享观点、提出建议。这种文化有助于形成团队共同的价值观和目标，提高员工的归属感和认同感。在这样的文化氛围中，员工更愿意参与沟通，分享经验，从而促进整体团队的学习和进步。在实践中，有效的反馈需要具备一些关键特征。第一，反馈应当具有及时性。及时的反馈可以帮助员工更好地理解自己的表现，避免问题积压和逐渐扩大。第二，反馈应当是具体的。模糊的反馈难以指导员工的具体改进，而具体的反馈可以提供清晰的方向，使员工能够有针对性地调整行为和表现。第三，反馈应当是双向的。不仅员工接收来自管理者的反馈，管理者也应当接受员工的反馈，形成良性的沟通循环。这种双向的反馈有助于增进团队的信任感和合作效果。反馈是管理沟通的不可或缺的要素，它不仅影响着信息传递的质量，还在组织学习和文化建设中发挥着重要作用。管理者应当注重培养良好的反馈机制，鼓励员工提供和接受反馈，以促进团队的持续发展和绩效提升。

（四）背景

管理沟通的要素之一是背景，它在确保信息传递的全面性、准确性和适切性方面起着关键作用。背景是指信息传递过程中所涉及的环境、历史、文化等方面的背景知识，它能够帮助接收者更好地理解信息的来龙去脉，降低误解和歧义的发生，从而促进有效的沟通。背景包括组织的历史和文化。了解组织的历史可以帮助员工更好地理解组织的核心价值、使命和发展方向。此外，组织的文化也是背景的一部分，它反映了组织成员共同的信仰、价值观和工作方式。在沟通中，将信息置于组织历史和文化的背景下，有助于信息更好地融入组织的整体框架，增强员工对信息的认同感和理解度。个体背景也是管理沟通中重要的要素。员工来自不同的文化、教育背景和工作经验，他们个体之间存在着差异。了解员工的个体背景，包括其专业领域、工作经历、学历等，有助于管理者更好地调整沟通方式和表达方式，使信息更加贴近员工的实际需求，提高信息的接受度和效果。沟通的背景还包括特定的工作环境和项目上下文。在信息传递的过程中，管理者需要考虑到当前的工作环境和项目要求，确保信息的及时性和实用性。沟通的背景知识也涵盖了当前行业的趋势、竞争状况等因素，这对员工全面理解组织的运营环境，更好地为组织目标而努力具有指导意义。在实际应用中，管理者需要在沟通中巧妙地融入这些背景要素。这可以通过提供背景信息的前导性介绍、在沟通中引用组织价值观念、以案例和实例解释信息等方式来实现。在团队沟通中，管理者还可以通过开展团队建设活动、促进团队文化的形成，以更好地融入个体和组织的背景，提高团队协作的效果。管理沟通中的背景是一个涉及广泛的要素，它包括组织历史、文化、个体背景和工作环境等多个方面。有效地考虑和融入这些背景要素，有助于提高沟通的效果，降低信息传递中的误解和障碍，推动组织整体绩效的提升。因此，管理者在进行沟通时应当注重对背景的理解和运用，以确保信息能够在合适的背景下得以传达和理解。

（五）噪声

在管理沟通中，噪声是一个不可忽视的要素，它指的是可能干扰或阻碍信息传递过程的各种干扰因素，从而影响沟通的清晰性和有效性。噪声可以来自多个方面，包括内部和外部因素，理解和管理噪声对于确保信息的准确传达至关重要。

噪声的来源可以包括语言障碍、文化差异和语境不明确等内部因素。语言障碍可能导致信息在传递过程中产生误解，特别是在多语言或跨文化的组织环境中。文化差异则可能使得相同的信息在不同文化背景下产生不同的解读，因此，管理者需要在沟通中考虑到多元文化的存在，采用更具普适性和包容性的表达方式。此外，语境不明确也是噪声的一种表现，沟通双方对于信息的理解可能因为缺乏共同的背景知识而产生偏差。在这种情况下，提供额外的背景信息和明确的上下文语境可以有效地减少语境不明确所带来的噪声。外部环境的干扰也是导致噪声的重要原因。在现代社会，信息传递方式多种多样，包括书面、口头、电子邮件、社交媒体等多个渠道，而这些渠道本身可能引入不同形式的噪声。例如，电子邮件可能受到网络问题和技术故障的干扰，导致信息的延迟或丢失；社交媒体则可能受到信息过载和虚假信息的影响，增加了信息的混淆和误导性。在这种情况下，管理者需要选择适当的沟通渠道，并采取相应的措施来减少外部环境因素对信息传递的干扰。心理因素也可能引入噪声，影响信息的传递和接收。员工可能受到情绪、焦虑或个人偏见的影响，使其在接收和理解信息时产生偏颇。此外，信息过载也是一种心理上的噪声，员工在信息过多的情况下可能选择忽视部分信息，从而影响沟通的全面性。在这种情况下，管理者需要采用情绪智力管理和有效的信息筛选方式来减轻心理因素带来的噪声。为了有效管理噪声，管理者可以采取一系列策略。首先，选择合适的沟通渠道，确保信息在传递过程中受到最小的干扰；其次，加强沟通双方的培训，提高其跨文化、跨语言的沟通能力，减少因为内部因素引入的噪声；再次，建立透明的沟通机制，通过开放性的对话和即时的反馈，有助于消除外部环境和心理因素带来的噪声；最后，采用清晰简洁的表达方式，避免信息过度复杂化，有助于减少语境不明确和信息过载所带来的噪声。

　　管理沟通中的噪声是一个复杂而多元的要素，它可能来自内外部环境以及心理因素。理解和有效管理这些噪声，对于确保信息的准确传达，提高沟通效果至关重要。在组织中，通过培养良好的沟通文化，注重员工沟通技能的培养，以及引入先进的沟通技术，可以帮助组织更好地应对噪声问题，提升整体沟通质量。

第二节　管理沟通的目标

一、传递清晰的信息

　　在组织中，管理沟通的一个关键目标是传递清晰的信息。清晰的信息传递是确保组织内外沟通有效性的基石，它能够避免信息的歧义和误解，为员工提供明确的指导，促进团队协作。通过精心设计和执行沟通策略，管理者可以确保信息在组织内外流动的顺畅，使组织成员对于使命、目标和工作职责有清晰而一致的理解。管理者在传递清晰信息的过程中需要强调明确的沟通目标。在开始任何沟通活动之前，必须明确该次沟通的目的和期望达到的结果。这有助于确保信息传递的焦点明确，避免信息冗余和混淆。清晰的沟通目标可以是传达重要决策、分享组织战略、解释业绩数据等。通过明确目标，管理者能够更好地规划沟通内容，使信息更具针对性和有效性。选择适当的沟通渠道是确保信息清晰传递的关键一步。不同的信息和情境可能需要不同的沟通方式，因此管理者需要审慎选择沟通工具和渠道。例如，对于紧急通知，可能选择电子邮件或即时消息工具；而对于复杂的战略变更，可能需要通过面对面的会议或培训来确保信息的准确传达。通过选择适当的沟通渠道，管理者可以更好地保障信息的传递效果，使接收方更容易理解和吸收信息。清晰的信息传递需要关注语言的准确性和适应性。管理者在沟通中应该避免使用模糊、抽象或过于专业化的术语，而是选择清晰、简明的语言，以确保信息能够被广泛理解。考虑到受众的背景和知识水平，适应性的语言选择有助于确保信息不会因为语言障碍而失去准确传达的效果。通过使用清晰而适应性的语言，管理者可以确保信息跨越不同层次和部门，达到更广泛的受众。定期审视沟通的效果，从中吸取经验教训，不断改进沟通的策略和流程。管理者可以通过定期的沟通评估、员工调查和反馈会议来收集信息，了解沟通的强项和弱项。通过持续改进，管理者可以提高沟通的效率和效果，确保组织内外信息的清晰传递和有效流动。

二、促进团队合作

在组织中，促进团队合作是管理沟通的重要目标之一。团队合作不仅是实现组织整体目标的关键，也是塑造积极工作文化、提高员工满意度的基础。通过有效的沟通，管理者可以建立积极的团队协作氛围，激发团队成员的合作精神，促使团队更加紧密、高效地协同工作。建立开放的沟通渠道是促进团队合作的基石。管理者应该营造一种鼓励成员自由表达意见、分享观点的文化。这可以通过定期的团队会议、开放式讨论和在线协作平台等方式实现。开放的沟通渠道能够拉近团队成员之间的距离，让大家更容易交流想法、解决问题，并在沟通中建立起相互信任的基础。激发团队协作需要注重团队目标的明确传达。管理者在沟通中应清晰地阐述团队的整体目标和期望，使每个团队成员都理解并认同这些目标。明确的目标有助于构建共同的愿景，让团队成员能够为共同的目标而努力，形成协同作战的意识。同时，管理者还应该及时调整和更新目标，以适应组织的变化和新的挑战，保持团队协作的持续性。建立团队协作的关键是倡导积极的沟通和反馈文化。管理者应该鼓励团队成员在工作中保持沟通畅通，及时分享进展、问题和需求。在这个过程中，不仅要注重正面的反馈，还要开放心态地接纳负面的反馈，将其视为改进的机会而非批评。积极的沟通和反馈文化有助于促进团队成员之间的理解，减少误解和摩擦，从而更好地协同完成任务。建立团队协作还需要关注团队的多样性。管理者应认识到团队成员拥有不同的技能、经验和背景，从而能够在各自领域内做出独特的贡献。通过了解和尊重每个成员的个性和优势，管理者可以更好地调配资源，激发团队潜力，实现协同效应。多元化的团队成员之间的互补性有助于提高创造性解决问题的能力，推动团队不断进步。建设性的冲突管理是促进团队合作的关键。在团队中，难免会发生意见分歧和冲突。而有效的沟通应该包括了解决冲突的机制，让团队成员能够以建设性的方式处理分歧。管理者可以鼓励开放的辩论和讨论，引导团队成员关注事实和问题本身，而非个人情感。通过理性的冲突处理，团队可以从中学习，找到更好的解决方案，促进团队合作的深入发展。建立共享文化是促进团队合作的关键一步。管理者应该鼓励团队成员分享知识、经验和资源，使得团队的整体能力得到提升。这可以通过设立知识分享平台、举办团队建设活动、制定奖励机制等方式来实现。共享文化有助于打破信息孤岛，促使团队成员更积极地参与合作，形成协同效应，推动整个团队不断进步。促进团队合作是管理沟通的核心目标之一。通过建立开放的沟通渠道、明确团队目标、倡导积极的沟通和反馈文化、关注团队的多样性、建设性地处理冲突以及建立共享文化，管理者可以推动团队形成更紧密的协作关系，使得团队整体更加高效、创新和适应性强。在这个共同奋斗的过程中，团队成员能够更好地发挥各自的优势，共同实现组织的战略目标。

三、应对变革和危机

在组织面临变革和危机时，管理沟通的目标显得尤为关键。有效的沟通在这些时刻不仅仅是信息传递的手段，更是保持组织内外稳定性和适应能力的关键支持。管理者需要通过及时、准确的信息传递来帮助员工理解和应对变革和危机，同时在沟通过程中管理并减轻员工的不安和疑虑。通过积极的沟通策略，组织可以建立起透明、开放的沟通渠道，增强员工的信任感，从而更好地应对变革和危机的挑战，确保组织在动荡中保持相对的稳定。及时而准确的信息传递是应对变革和危机的基础。在这些关键时刻，员工对于信息的渴求通常会异常迫切。因此，领导层需要确保及时向员工传达相关信息，明确变革的原因、目标、计划和可能带来的影响。通过清晰的信息传递，员工能够更好地理解组织的现状和未来走向，有助于减轻他们的不确定感，提高变革和危机应对的积极性。沟通需要是双向的。在变革和危机期间，员工通常会产生各种疑虑和问题。建立双向沟通渠道，使员工能够提出问题、表达疑虑，并得到领导层的及时回应。这种互动有助于建立起信任关系，让员工感受到他们的声音被听到和重视。同时，领导层也能够更好地了解员工的实际情况和反馈，有助于调整变革和危机管理的策略。情感沟通也是关键的一部分。在危机时，员工可能会面临焦虑、担忧和恐慌等情绪。有效的沟通需要考虑员工的情感状态，通过情感化的语言和沟通方式，使员工感受到组织的支持和关心。同时，领导层也可以分享一些正面的信息和成功案例，激发员工的信心，帮助他们更好地应对变革和危机的压力。透明度和一致性也是应对变革和危机的重要原则。确保组织内部的沟通信息一致，避免出现信息不同步的情况，以免引发员工的困惑和不安。透明度则有助于建立组织与员工之间的信任关系，让员工更清晰地了解组织的决策过程和背后的考虑。定期更新和回顾沟通策略也是管理沟通的重要环节。在变革和危机管理过程中，组织可能需要根据实际情况调整沟通策略，以保持沟通的及时性和有效性。领导层应该定期回顾沟通效果，收集员工的反馈，从中学习经验，调整沟通策略，确保它与组织的变革目标和应对危机的需要保持一致。应对变革和危机需要一套精心设计的沟通策略，以确保信息的及时传递、员工的理解和支持。透明、双向、情感化的沟通方式能够减轻员工的焦虑和疑虑，提高组织的适应能力和稳定性。通过有效的沟通，组织不仅能够更好地管理变革和危机，还能够建立起更为强大的团队凝聚力，为未来的成功奠定坚实的基础。

四、传达文化和价值观

在组织中，管理沟通的一个重要目标是传达文化和价值观。组织文化和价值观是塑造企业身份、引导员工行为的基石，通过有效的沟通，管理者可以确保这些核心元素被准确传达、理解并贯彻到组织的各个层面。这不仅有助于构建积极的工作氛围，还能够提高员工对组织的认同感和凝聚力，推动整个团队朝着共同的目标迈进。管理者在传达文化和价值观时需要强调一致性和连贯性。组织的文化和价值观应该贯穿整个组织，从高层领导到基层员工都能够感受到。通过一致的信息传递，管理者能够确保每个成员都理解和认同组织所倡导的核心文化和价值观。这需要在沟通中强调组织的愿景、使命和核心价值，以便在员工中形成共识，使其对组织的理念有更深入的认知。使用多种沟通渠道是传达文化和价值观的有效手段。管理者应该选择多样化的方式，包括但不限于团队会议、内部培训、员工手册、企业内部网站等，以确保信息能够全面、深入地传达。通过不同渠道的组合使用，可以满足不同员工的学习和接受方式，提高信息的传递效果。例如，通过讲故事、案例分享等形式，使抽象的文化和价值观更具体、更贴近员工的工作和生活。鼓励开放的沟通文化有助于促使员工更好地理解和吸收组织的文化和价值观。管理者应该创造一个鼓励员工提出问题、分享看法的环境。通过定期的沟通会议、员工反馈渠道等方式，让员工有机会就文化和价值观进行讨论，增强员工的参与感和责任感。开放的沟通文化有助于建立起互信和共鸣，使员工更愿意接受和践行组织的文化和价值观。管理者需要注重言行一致，以身作则。领导层的言行直接影响到组织文化的形成和传播。如果领导层的行为与宣扬的文化和价值观相悖，员工将感到困惑和失望，导致文化的失效。因此，领导者应该在言传和身教上保持一致，做到言行一致，以树立榜样，引导员工在日常工作中贯彻组织的文化和价值观。另一个重要方面是关注组织文化的演化和调整。随着时间的推移，组织的环境和业务可能会发生变化，从而影响到文化和价值观的适应性。管理者需要密切关注组织内外的变化，并根据需要进行文化的调整和更新。在这个过程中，沟通是调整文化的关键工具，需要及时向员工传递变化的原因、意义和期望达到的效果，引导员工适应新的文化和价值观。管理者还应该关注多元化的文化体验。在全球化和多元化的时代，组织往往拥有来自不同文化背景的员工。因此，管理者需要在沟通中考虑到多元化的文化体验，确保文化和价值观的传达对所有员工都具有包容性。这可能涉及到使用多种语言、考虑到跨文化的差异，以及尊重和理解不同文化间的共通点和差异。定期评估文化和价值观的传达效果是管理者不可忽视的一环。通过员工调查、文化氛围的监测、团队绩效等手段，管理者可以收集员工的反馈和感受，了解文化和价值观的传达效果。根据评估结果，及时调整和改进沟通策略，以确保文化和价值观能够在组织内得到贯彻和践行。通过有效的沟通，管理者可以传达组织的文化和价值观，构建共同的认同和目标。一致性和连贯性的传达、多渠道的信息传递、鼓励开放的沟通文化、言行一致的领导榜样、关注文化的演化和调整、考虑多元化的文化体验，以及定期评估传达效果等都是确保这一目标实现的关键要素。通过这些努力，组织可以建立起积极的文化氛围，激励员工积极发挥潜力，为组织的长期成功打下坚实的基础。

五、提高工作效率

管理沟通的目标之一是提高工作效率，这涉及在组织内确保信息的迅速、准确地传递，以促进任务的顺利完成和团队的高效协作。有效的沟通不仅仅是信息的传递，更是创造一个良好沟通氛围、优化工作流程、激发团队协作的全过程。管理者需要借助各种沟通工具和策略，以确保信息的及时传递，减少误解和延误，提高团队整体的工作效率。清晰的信息传递是提高工作效率的基础。在组织内部，信息的清晰传达能够使员工明确任务目标、工作要求，减少不必要的猜测和沟通误解。管理者应该在沟通中强调明确的目标和期望，确保每位团队成员都理解他们的工作职责和贡献，从而提高工作效率。清晰的信息传递还能够降低沟通成本，减少因信息不明确而导致的错误和重复工作，为团队创造更高效的工作环境。选择适当的沟通渠道是提高工作效率的重要一环。不同的信息和情境可能需要不同的沟通方式。在紧急情况下，可能需要使用即时通信工具或电话，以确保信息能够迅速传达。而对于复杂的项目和决策，可能需要通过面对面的会议或电子邮件进行详细的沟通。选择适当的沟通渠道有助于信息的准确传递和及时响应，避免信息在传递过程中的丢失和滞后，从而提高工作的执行效率。首先，高效的团队协作是提高工作效率的关键。管理者需要通过沟通激发团队合作的精神，建立共同的目标和信任关系。团队成员之间的有效沟通有助于打破信息孤岛，促进知识和经验的共享，提高团队整体的智慧和执行力。管理者应该倡导开放的沟通文化，鼓励团队成员分享想法、提出建议，以及在团队内部建立透明、高效的沟通渠道，从而使团队更好地协同工作，提升整体工作效率。考虑接收者的需求和背景也是提高工作效率的重要因素。了解团队成员的知识水平、文化背景和沟通偏好，有助于调整沟通方式，以确保信息能够被理解和接受。管理者需要灵活运用不同的沟通方式，根据不同的接收者制定相应的沟通策略，提高沟通的精准性和有效性，进而推动工作的高效推进。其次，解决沟通障碍是提高工作效率的另一方面。在沟通过程中，可能会出现各种障碍，如信息不明确、语言障碍、文化差异等。管理者需要及时识别并解决这些问题，以确保信息准确传达。例如，可以通过提供额外的解释、提供培训、使用多语言沟通工具等方式来解决语言和文化差异带来的障碍。通过解决沟通障碍，可以加速工作流程，提高工作的整体效率。再次，及时反馈是提高工作效率的关键环节。确保及时获得反馈，有助于了解信息是否被正确理解，以及在实际执行中是否存在问题。及时的反馈能够帮助管理者调整和优化沟通策略，防止信息失真和误解。通过建立有效的反馈机制，管理者可以更快地响应团队的需求和问题，提高工作的灵活性和适应性，从而提高整体的工作效率。最后，持续改进是管理沟通的一项重要任务。定期审视沟通的效果，从中学习经验教训，不断改进沟通的策略和流程。管理者可以通过定期的沟通评估、团队绩效评估和员工调查等方式，收集信息，了解沟通的强项和弱项，以便进行针对性的改进。通过持续改进，管理者可以逐步优化沟通流程，提高团队的协作效率，为工作的高效推进提供持续的支持。提高工作效率是管理沟通的重要目标之一。通过清晰的信息传递、选择适当的沟通渠道、促进团队协作、考虑接收者的需求和背景、主动倾听、解决沟通障碍、及时反馈以及持续改进等多方面的努力，管理者可以确保信息在组织内迅速、准确地传达，促使团队更加高效地实现工作目标。这不仅有助于提升组织的整体竞争力，也能够增强员工的工作满意度和投入度。

第三节 管理沟通的原则

一、管理沟通的公开性原则

管理沟通的公开性原则，是指在同一个企业管理沟通过程中管理沟通的方式、方法和渠道及其沟通的内容要求必须公开，即应当对参与沟通的个人和团队、部门都全面公开。公开性指的不是企业的所有信息都应该公开，而是指管理沟通的规则、方式、方法、渠道、内容要求必须公开。没有公开的管理沟通规则，正确的沟通行为过程就会失去方向和指引。公开性原则要求在组织内部建立透明的信息传递机制。领导层需要向员工明确沟通的目的、内容和背后的意图，以避免产生不必要的猜疑和误解。透明的内部沟通有助于员工更好地理解组织的运作机制，形成对组织决策的共识，并增强员工对组织的信任感。这种透明性也有助于提高员工的参与度，使他们更加愿意为组织的目标努力工作。公开性原则要求组织对外部信息也要保持透明和公正。这意味着在与外部利益相关者（如客户、合作伙伴、投资者等）的沟通中，组织需要提供真实、准确的信息，确保外部利益相关者对组织的了解是全面而客观的。通过公开组织的业绩、战略规划和社会责任等方面的信息，组织能够建立起与外界的信任关系，增强其在市场中的竞争力，并为长期可持续发展奠定基础。公开性原则也强调了在危机时期的公开沟通。在面临危机或困难时，组织需要迅速、坦诚地与内外部利益相关者分享信息，防止谣言和不实信息的传播，维护组织的声誉。通过积极的公开沟通，组织能够展现出积极应对问题的态度，减轻利益相关者的不安和疑虑，提高组织在危机中的应对能力。公开性原则还要求组织在制定政策和决策时，充分考虑员工和其他利益相关者的利益，并在合适的时机将相关信息公开。这有助于建立公平正义的组织氛围，增加员工对组织的认同感和归属感。在决策公开的过程中，组织可以通过征求员工的意见、提供解释和理由，减少负面情绪，促使员工更好地理解和接受组织的决策。公开性原则还包括与员工进行真实、开放的双向沟通。员工应该被视为组织内部的重要利益相关者，对其信息的获取和参与有着至关重要的意义。领导层应该与员工建立开放的沟通渠道，鼓励员工提出问题、分享建议，并及时回应员工的需求和疑虑。这有助于建立积极的企业文化，促进员工更好地投入工作，为组织的发展做出更大的贡献。

管理沟通的公开性原则是建立健康组织沟通体系的重要基石。通过内外部信息的透明和公正传达，组织能够获得员工和外部利益相关者的信任，建立积极的组织形象，并在危机时期更好地维护其声誉。这一原则有助于构建开放、合作、信任的组织文化，提升组织整体的竞争力和可持续发展能力。

二、管理沟通的简捷性原则

第一，沟通的具体方式、方法设计应当尽量简单明了，以便于所有沟通成员掌握和运用。这一层意思的简捷性，主要指的是具体的沟通方式、方法的简捷性。管理沟通应当采用最短沟通渠道或路径进行沟通。渠道简捷性的目的在于提高信息传递速度，通过减少渠道环节降低信息损耗或变形的可能性。

第二，管理沟通的简捷性也包括沟通内容的编码简捷性及解码简捷性，防止将简单的管理信息人为地复杂化，致使沟通双方无法准确互相理解。总之，管理沟通的简捷性要求体现在管理沟通的各个方面，即体现在管理沟通的整个沟通模式里面，因此，管理沟通的简捷性应该是企业管理沟通总体模式的简捷性。

第三，管理沟通的简捷性原则强调在信息传递中追求简明扼要，确保信息能够迅速、清晰地被接收和理解。这一原则的核心在于避免信息冗长、烦琐，使沟通更加高效，从而提高组织内部和外部的工作效率。简捷的沟通方式有助于减少误解和混淆，使接收者更容易掌握关键信息，为迅速决策和行动提供有力支持。

三、管理沟通的明确性原则

管理沟通的明确性是指管理沟通在公开性的基础上，必须将沟通的各项事宜，如渠道的结构，沟通的时间要求、地点要求、内容要求、频率要求等，进行明确、清晰的告示，要尽量避免含糊不清。其目的在于使全体沟通成员准确理解企业所期望的管理沟通要求，明白他们在沟通中所担当的角色，即他们所应当履行的沟通职责和义务，从而最大限度地排除沟通成员对沟通要求的不了解和误解，保证管理沟通能够顺畅高效地进行，顺利达到管理沟通的预期目标。明确性原则要求企业管理者与被管理者修炼和提高准确分辨、总结、表达、传递管理信息的能力。管理信息的沟通要尽量做到言简意赅、深入浅出，便于信息接受者准确把握自己所传递信息的真实内在意义。

明确性原则要求在沟通中对信息进行准确的表达。管理者需要精心选择词语，确保所传递的信息能够精准地表达发起者的意图。避免使用模糊、含糊不清的措辞，以免引起接收者的误解和混淆。清晰明了的表达有助于确保信息传递的准确性，降低信息解读的多样性，从而提高沟通的效果。明确性原则强调在制定目标和任务时的明确性。在组织内，明确的目标和任务对于员工的工作动力和方向感至关重要。管理者需要确保制定的目标具体、可衡量、可实现，并能够清晰地传达给员工。通过确保目标的明确性，员工能够更好地理解组织的期望，提高工作的主动性和积极性。明确性原则也要求在传达决策和指导性信息时保持清晰度。在组织内，领导者的决策和指导对于员工的行为和工作方向有着直接的影响。因此，在传达决策和指导性信息时，管理者需要确保信息的明确性，避免出现模棱两可或引起歧义的表达。清晰明确的指导有助于员工明白所期望的行为和结果，从而更好地配合组织的整体方向。另一个重要方面是在解释复杂概念和流程时的明确性。有时，组织内的信息可能涉到一些复杂的概念、流程或技术性内容。在这种情况下，明确性原则要求管理者以易懂的方式解释这些概念，避免使用专业术语，确保接收者能够理解。通过使用生动、通俗的语言，结合案例或图例，有助于提高信息的理解度，降低接收者对复杂信息的抵触感。

明确性原则还要求在团队合作和协作中保持明确的沟通。在团队中，成员之间需要明确了解彼此的角色、责任和期望，以确保协作的高效性。管理者在沟通中要明确传达团队的目标和各自的贡献，使团队成员能够明白他们在整个过程中的角色，从而更好地协同工作，达到共同的目标。明确性原则还要求在跨文化沟通中特别注意。不同的文化背景可能导致不同的理解和解释，因此，管理者在进行跨文化沟通时需要更加谨慎，选择简单明了的表达方式，避免使用可能引起误解的文化特定词汇或难以理解的俚语。通过尽量使用通用的语言和表达方式，可以提高信息的跨文化适应性，降低因文化差异而引发的沟通障碍。明确性原则还要求在解决问题和处理冲突时保持明确的表达。在组织中，问题和冲突是不可避免的。管理者需要在解决问题和处理冲突时，通过明确的沟通，确保各方对问题的理解一致，共同参与解决方案的制订。通过明确的表达，可以减少争论和误解，推动问题的迅速解决，维护组织的稳定和谐。明确性原则还要求及时纠正和澄清可能引起误解的信息。当发现沟通中出现误解或歧义时，管理者需要及时采取纠正措施，澄清信息，以避免问题进一步扩大。这需要管理者具备灵活的沟通技能，能够及时调整沟通方式，以确保信息的明确传递。管理沟通的明确性原则是确保信息传递清晰准确、避免歧义和误解的基石。通过关注信息的准确表达、目标和任务的明确性、决策和指导性信息的清晰度、复杂概念和流程的易懂性、团队合作和协作中的清晰沟通、跨文化沟通的适应性、问题和冲突的明确表达、及时纠正和澄清等多方面的实践，管理者可以提高沟通的明确性，促进组织内外的有效沟通，为组织的协同合作和共同发展创造有力的沟通基础。

四、管理沟通的适度性原则

管理沟通的适度性原则，是指管理沟通的渠道设置及沟通频率不能太多，也不能太少；而应当根据企业具体业务与管理的需要适度适当，以能达到管理目的为基准。适度性原则要求在信息传递中合理选择信息的量。过多的信息可能会导致信息过载，使接收者难以从中筛选出关键信息。因此，管理者需要在沟通中谨慎选择信息的量，确保传递的信息足够丰富，但又不至于使接收者感到不堪重负。适度的信息量有助于提高接收者对信息的关注度和理解度，使沟通更为有效。适度性原则关注信息的深度和复杂度。在不同的情境下，接收者对信息的需求和理解能力会有所不同。适度性原则要求管理者根据接收者的背景和需求，调整信息的深度和复杂度。对于一些专业领域的信息，可能需要提供更为深入的解释和背景知识；而对于一般性的信息，可以采用更为简洁易懂的表达方式。适度的信息深度和复杂度有助于确保信息既能够满足接收者的理解水平，又能够保持信息的准确性和完整性。适度性原则要求在选择沟通渠道和工具时考虑信息的适度性。不同的沟通渠道适用于不同类型的信息传递。对于简单直接的信息，可能可以选择更为快捷、高效的沟通渠道，如即时通信或短信；而对于更为复杂的信息，可能需要通过会议、报告等更为正式的渠道进行传达。适度选择沟通渠道有助于确保信息能够以合适的方式传递给接收者，从而提高沟通的适度性。适度性原则还要求管理者在沟通中保持信息的重点和焦点。信息的适度性不仅仅包括信息的量和深度，还包括信息的关注度。管理者需要通过强调关键信息、突出重点，确保接收者能够在信息中找到最为重要和有价值的内容。适度性的信息关注度有助于引导接收者更加关注和理解核心信息，减少信息的冗余和干扰，使沟通更为有效。

　　适度性原则还要求在解释和说明复杂问题时保持信息的适度性。有些问题可能涉及复杂的概念和细节，而过多的信息可能使接收者感到困扰。在这种情况下，管理者需要巧妙地进行信息筛选和提炼，以确保传达的信息既具有必要的深度，又不至于使接收者感到超负荷。通过适度的信息呈现，可以帮助接收者更好地理解和消化复杂的问题，促进问题的更好解决。适度性原则强调在沟通中关注接收者的反馈。接收者的反馈是判断信息适度性的重要依据。管理者需要倾听接收者的意见和建议，根据反馈及时调整信息的量和深度，确保信息能够满足接收者的需求。通过不断优化信息的适度性，可以建立更加有效的沟通关系，促进组织的协同合作和共同发展。管理沟通的适度性原则是在信息传递中维持适当的信息量和复杂度，以满足接收者的需求和能力，避免信息过多导致混淆，也防止信息不足导致理解不全面。通过合理选择信息的量和深度、适度选择沟通渠道和工具、保持信息的重点和焦点、在团队协作中保持信息的适度性、在解释复杂问题时保持信息的适度性、关注接收者的反馈等多方面的实践，管理者可以提高沟通的适度性，促进组织内外的有效沟通，为组织的协同合作和共同发展创造有力的沟通基础。

五、管理沟通的针对性原则

管理沟通的针对性原则是指,所有管理沟通的活动与过程设计,都是为了解决企业管理中的某些具体问题,支持、维护企业正常高效运行而设置,每一项管理沟通活动都有其明确合理的针对性,设置企业管理沟通模式时,必须充分考虑到具体企业的实际情况。所设置和采用的管理沟通模式,必须切合该企业的管理实际需要,企业管理沟通模式的设置必须有针对性。企业管理沟通模式里面的具体沟通渠道、方式、内容等的设计,也必须具有明确的针对性,即必须考虑到企业设计这一沟通渠道、沟通内容的目的是什么,是为了完成企业管理中的哪项工作,达到哪个目的。

针对性原则要求在明确定义沟通目标时考虑接收者的特定需求。不同的受众群体可能对同一信息产生不同的关注点和期望。因此,管理者在制订沟通目标时需要充分了解受众的需求,明确受众群体关心的问题,以便更有针对性地传递信息。通过关注接收者的特定需求,管理者可以提高信息的个性化和吸引力,增加接收者对信息的关注度和接受度。针对性原则强调在选择沟通内容时要考虑接收者的背景和兴趣。不同的人群对信息的兴趣和关注点有所差异,因此,管理者在沟通中需要根据受众的背景和兴趣选择合适的内容。通过深入了解受众的文化、教育水平、工作经验等因素,管理者可以更好地调整沟通内容,使其更具针对性,从而提高信息的相关性和传递效果。针对性原则要求在选择沟通渠道时充分考虑受众的偏好和习惯。不同的人群对于沟通渠道有不同的偏好,有些人更喜欢文字表达,有些人更喜欢图像和图表。管理者需要根据受众的习惯和喜好选择适当的沟通渠道,以确保信息能够以最符合受众喜好的方式传递。通过个性化的沟通渠道选择,可以提高信息的吸引力和接受度,使沟通更加有效。针对性原则要求在制定沟通语言和风格时充分考虑受众的文化背景和语言特点。不同的文化和语境对语言的理解和接受有着很大的影响,因此,管理者需要根据受众的文化背景和语言特点调整沟通语言和风格。通过使用受众更为熟悉和接受的语言表达方式,管理者可以提高信息的针对性,使沟通更具个性化和有效性。针对性原则还要求在制定沟通计划时充分考虑受众的心理特点和情感需求。人们在接收信息时往往受到情感因素的影响,管理者需要了解受众的情感需求,以便更好地调整沟通内容和表达方式。通过关注受众的情感状态,管理者可以更有针对性地制定沟通策略,提高信息的情感吸引力和共鸣效果。针对性原则还要求在解决问题和回应疑虑时充分考虑受众的具体问题和疑虑。当受众对某一问题或情况产生疑虑时，管理者需要深入了解疑虑的根本原因，以制订有针对性的解决方案和回应策略。通过直接回应受众的具体问题和疑虑，管理者可以建立信任，提高信息的可信度和说服力。针对性原则要求在进行双向沟通时充分倾听受众的反馈和意见。受众的反馈是调整沟通策略和内容的重要依据，管理者需要及时收集和分析受众的反馈，了解他们对信息的理解和反应。通过积极回应受众的反馈，管理者可以更有针对性地调整沟通策略，提高信息的个性化和适应性。管理沟通的针对性原则是在信息传递中确保与接收者的特定需求、背景和期望相匹配，以提高信息的相关性和影响力。通过考虑受众的需求、背景、兴趣、偏好、文化背景、语言特点、心理特点、具体问题和疑虑，以及反馈意见等多方面因素，管理者可以更有针对性地制定沟通策略，使沟通更加个性化、吸引人，提高信息的传递效果和接受度。这一原则有助于建立更紧密的沟通关系，促进组织的协同合作和共同发展。

六、管理沟通的同步性原则

管理沟通的同步性原则是指在管理沟通过程中，沟通的双方或多方应当全部进入沟通系统和沟通角色，沟通必须是双向的交流过程，而不应当是单向或其中一方信息处于封闭或半封闭状态。也就是说，成功的管理沟通必须是沟通主体之间互动的，双方处于平等交流地位的沟通。即双方均应当对沟通同时具有适当、及时、同步的反应，互相理解，充分把握住对方所传达信息的意义。管理沟通的同步性并不纯粹或主要指沟通在时间上的同步性，还是指管理沟通的双方或多方应该适时进入角色，相互进行信息传送与反馈，强调的是其行为过程的互动性和沟通角色的同步性。

同步性原则要求在组织内部各层级之间保持信息的同步一致。不同层级的员工对组织的期望和目标可能存在差异，因此，管理者需要通过沟通确保高层领导层的战略决策和组织目标能够同步传达到底层员工。通过透明而一致的沟通，管理者可以帮助员工理解组织整体的方向，提高员工的归属感和参与度。同步性的内部沟通有助于建立一个统一的组织文化，增强团队协作，提升整体绩效。同步性原则要求在不同部门之间保持信息的同步协调。在大型组织中，各个部门之间的信息传递可能涉及不同的业务、项目和目标。为确保各个部门能够共享和理解彼此的信息，管理者需要制定有效的沟通机制，以便信息同步传递。通过定期的部门间沟通会议、共享平台和报告机制，可以帮助组织各部门保持一致的信息理解，从而提高组织的协同作业效率。同步性原则强调在内外沟通之间保持信息的同步性。组织对外的沟通不仅影响到员工，还涉及到客户、合作伙伴、股东等外部利益相关方。管理者需要确保对外沟通的信息与内部传达的信息一致，以维护组织形象和信誉。通过建立明确的对外沟通渠道和流程，管理者可以更好地管理与外部的信息同步，提高组织在市场中的竞争力。同步性原则还要求在变革和重大决策时加强信息同步。在组织发生变革、重大决策时，员工需要了解并适应新的情境和要求。管理者需要通过及时、清晰的沟通，确保变革信息能够同步传达到各个层级和部门，避免因信息不同步而导致的混乱和抵制。同步性的变革沟通有助于组织成员更好地理解变革的目的和影响，提高变革的成功实施概率。同步性原则还要求在危机管理和风险沟通时注重信息同步。在危机发生或出现风险时，组织需要迅速而一致地传递相关信息，以便全体成员能够迅速理解危机的性质和采取相应的措施。通过建立有效的危机沟通计划和团队，管理者可以保障危机信息的同步传递，提高组织对危机的应对能力，减轻潜在损失。同步性原则强调在跨地域和跨文化沟通中维持信息的同步。在全球化的背景下，许多组织涉及跨地域和跨文化的沟通。管理者需要通过适当的沟通渠道和方式，确保信息在不同地域和文化之间同步传递，避免因文化差异而引起的误解和冲突。同步性的跨文化沟通有助于促进组织全球范围内的协同合作，提高组织在不同地区的可持续发展能力。管理沟通的同步性原则是确保组织内外信息传递协调一致、同步有序的关键要素。通过在内部各层级、各部门之间、内外沟通、变革和决策、危机管理和风险沟通、跨地域和跨文化沟通中强调同步性，管理者可以提高组织整体的协同效能，降低信息传递的混乱度，增强组织的稳定性和适应能力。这一原则有助于建立更加高效、有序的沟通机制，促进组织内外的有效沟通，为组织的持续发展创造良好的沟通环境。

七、管理沟通的完整性原则

管理沟通的完整性原则强调的是管理沟通过程的完整无缺企业在设置管理沟通模式时，必须注意使每一个管理沟通行为过程均要素齐全、环节齐全，尤其是不能缺少必要的反馈过程。在企业管理实践中，管理沟通会出现一些不完整情形。完整性原则要求在信息传递中保持信息的全面性。不完整的信息可能导致误解和不确定性，影响员工对组织的信任和认同。管理者需要确保传递的信息是全面的，包括关键背景、相关数据和潜在影响等方面，以帮助接收者全面了解信息的背景和意义。通过提供充分的信息，管理者可以降低信息的误解和曲解的可能性，建立员工对组织决策的信任。完整性原则强调在解释组织决策和变革时保持信息的真实性。虚假或夸大的信息可能破坏员工对组织的信任，影响员工对变革的接受度。管理者需要确保传递的信息是真实可信的，避免故意隐瞒或歪曲事实。通过坦诚和真实的沟通，管理者可以建立起与员工的互信关系，增强组织决策的合理性和可信度，促进员工更好地适应变革。完整性原则要求在危机管理和风险沟通中保持信息的真实透明。在面对危机和风险时，组织需要及时、真实地向内外传递相关信息，以帮助员工理解事态的严重性和紧急性。管理者需要坦诚面对问题，不隐瞒或淡化危机的严重性，通过真实透明的沟通策略，建立起对组织的信任和支持，增强组织在危机中的稳定性。完整性原则强调在内外沟通中保持信息的一致性。不一致的信息容易引起混乱和矛盾，影响组织形象和信誉。管理者需要确保对内对外传递的信息是一致的，避免信息的分歧和歧义。通过建立明确的沟通渠道和流程，管理者可以保障信息在内外同步传递，维持组织形象的一致性，提高组织的整体可信度。完整性原则要求在处理问题和挑战时保持信息的真实性。有时组织可能会面临挑战和问题，管理者需要直面这些挑战，通过真实的沟通表达组织的困境和采取的措施。避免掩盖问题和敷衍应对，通过真实透明的沟通，可以建立起组织与员工之间的共鸣，激发员工的团队合作精神，共同应对问题。完整性原则要求在与外部利益相关方沟通时保持信息的真实透明。组织需要向客户、合作伙伴、股东等外部利益相关方传递真实的信息，以维护与外部利益相关方的良好关系。管理者要避免虚假宣传和夸大事实，通过真实的沟通赢得外部利益相关方的信任和支持，提高组织在市场中的竞争力。

八、管理沟通的连续性原则

管理沟通的连续性原则是指大多数管理沟通行为过程，尤其是例行日常管理沟通活动，并非一次沟通就可以一劳永逸地完成沟通工作任务，而是要通过反反复复多次的沟通，才能较好地履行和完成管理沟通的工作职责。连续性是企业管理工作本身所具有的客观属性，作为管理的信息化表现、管理沟通自然也具有这一客观属性。连续性原则要求管理者在制定沟通策略时考虑信息传递的时效性。组织内外的信息需求随着时间的推移而变化，管理者需要根据不同情境和时期的特点，制定相应的沟通策略。

时效性的沟通策略能够更好地满足员工、客户、合作伙伴等不同受众的即时信息需求，使沟通更加贴合实际，更有针对性和实效性。连续性原则强调在组织内沟通中保持信息传递的连贯性。组织内部存在各种各样的沟通场景，包括会议、团队讨论、电子邮件等，管理者需要确保这些不同渠道传递的信息是连贯一致的。通过建立明确的沟通渠道和流程，管理者可以保障信息在组织内的传递是有序、流畅、连贯的，提高员工对组织信息的理解和接受度。连续性原则要求在组织变革和重大决策中保持信息传递的连续性。在组织发生变革或制定重大决策时，员工需要持续了解相关信息，以适应新的工作方式和要求。管理者需要通过定期更新和沟通，确保员工能够随着变革的发展持续获得必要的信息支持，从而减轻员工的不安和疑虑，提高变革的顺利实施。连续性原则还强调在危机管理和风险沟通中保持信息传递的连续性。危机和风险时刻可能发生，管理者须要建立有效的危机沟通机制，确保危机信息能够及时、连贯地传递到组织内外各层级和各部门。通过及时更新、实时沟通，管理者可以提高组织应对危机的速度和效率，减轻潜在危机带来的负面影响。连续性原则要求在跨地域和跨文化沟通中保持信息传递的连续性。在全球化的环境下，许多组织涉及跨地域和跨文化的沟通。管理者需要采用适当的沟通工具和技术，确保信息能够连续、流畅地传递到不同地区和文化背景的员工，避免因时差和文化差异导致的信息滞后和失真。连续性原则要求在双向沟通中注重信息的连续流动。沟通是一个持续的过程，不仅仅是信息的传递，还包括反馈和回应。管理者需要建立良好的反馈机制，鼓励员工提出问题、提供意见，以确保信息在组织内外双向连续流动。通过及时回应和调整，管理者可以更好地满足员工的信息需求，促进组织内外的良好沟通氛围。管理沟通的连续性原则是确保组织内外信息传递是持续、有序、适时的关键要素。通过注重时效性、组织内沟通的连贯性、组织变革和危机管理中的连续性、跨地域和跨文化沟通的连续性、双向沟通的连续性等方面的实践，管理者可以提高组织的整体协同效能，保持信息传递的连续性，促进组织内外的有效沟通，为组织的持续发展创造有力的沟通环境。

九、管理沟通的效率性原则

管理沟通的效率性原则强调在信息传递中追求高效、迅速的目标，以确保信息能够在最短的时间内被准确传达和理解。这一原则关注沟通过程的效率，要求管理者在制定沟通策略和实施沟通活动时注重简洁明了、高效迅速的原则，以提高组织内外的工作效率。效率性原则要求在制定沟通策略时注重信息的简洁明了。信息过多过杂容易导致混淆和误解，因此，管理者需要在沟通策略中精选关键信息，突出重点，确保信息的简洁明了。通过精简沟通内容，管理者可以提高员工对信息的理解和接受度，节省沟通时间，促进工作的高效推进。效率性原则强调在选择沟通渠道和工具时考虑效率因素。不同的沟通渠道和工具具有不同的效率特点，管理者须要根据信息的紧急性、受众的特点和沟通的目的选择最合适的工具和渠道。通过合理选择沟通方式，管理者可以提高信息的传递速度和效率，确保信息能够及时、准确地传达给相关人员。效率性原则要求在组织内沟通中注重时间的管理和利用。时间是沟通的重要资源，管理者需要合理安排沟通活动的时间，确保信息能够在最合适的时机传递。通过合理规划沟通活动的时间，管理者可以提高沟通的实效性，避免信息传递的拖延和耽误，促进工作的高效执行。效率性原则强调在变革和危机管理中注重信息的及时传递。在组织面临变革或危机时，及时传递相关信息对于组织的稳定性和员工的信心至关重要。管理者须要迅速响应并制订有效的沟通计划，确保变革信息和危机信息能够及时传递到组织内外各层级和各部门。通过及时的沟通，管理者可以减轻员工的不安和疑虑，提高组织对变革和危机的应对能力。效率性原则要求在与外部利益相关方沟通中注重信息的及时响应。外部环境的变化可能会对组织产生重要影响，因此，管理者需要及时回应外部利益相关方的关切和问题，维护组织的形象和信誉。通过及时回应外部利益相关方的关切，管理者可以增强组织在市场中的形象，提高组织的竞争力。管理沟通的效率性原则是在信息传递中追求高效、迅速的目标，以确保信息能够在最短的时间内被准确传达和理解。通过注重简洁明了的沟通内容、选择合适的沟通渠道和工具、合理安排沟通时间、及时响应变革和危机、及时回应外部利益相关方等方面的实践，管理者可以提高组织内外的工作效率，促进信息的迅速传递，为组织的持续发展创造高效的沟通环境。

十、管理沟通的效益性原则

管理沟通是需要成本的，管理沟通也是能产生或增减企业产出的。既然管理沟通有成本有产出，自然也就应该衡量其效益——管理沟通的产出与成本的比例关系。在具体的沟通设置与大的企业总体沟通模式设计上，企业都应该根据自身的发展战略和资源组合能力，对不同效益的沟通方式、模式进行选择和组合，确保整个企业的管理与管理沟通效果最好、效益最大化。要防止盲目地追求管理与管理沟通的大而全或小而全或沟通技术的先进。企业管理沟通模式，关键在于对本企业的适用性。

效益性原则要求管理者在制定沟通策略时注重信息的质量。高质量的信息能够提高员工对组织决策的信任度，增强信息的说服力和影响力。管理者须要确保传递的信息准确、清晰、全面，避免虚假、夸大或模糊的表达。通过注重信息的质量，管理者可以建立起与员工的良好沟通关系，为组织内外的长期效益奠定基础。效益性原则强调在组织内沟通中注重对组织目标的贡献。沟通活动应与组织的战略目标和价值观相一致，确保信息传递能够为组织的长期发展做出积极贡献。管理者需要将沟通与组织的愿景、使命和目标联系起来，通过传递激发员工积极性的信息，激发员工的工作热情，促进组织整体绩效的提升。效益性原则要求在变革和危机管理中注重沟通的长期影响。变革和危机时期的沟通活动不仅要解决眼前的问题，还要考虑对组织长远发展的影响。管理者需要通过沟通传递组织变革的愿景和长远目标，鼓励员工参与变革，形成积极的组织文化。通过建立长期稳定的沟通机制，管理者可以在危机管理中保持组织的稳定性，为组织的可持续发展创造条件。效益性原则强调在与外部利益相关方沟通中注重维护组织的声誉和信誉。外部利益相关方的认可和支持对于组织的长期发展至关重要。管理者需要通过积极、真实、透明的沟通传递组织的核心价值，建立起外部利益相关方的信任。通过建立稳固的关系，管理者可以为组织争取更多的支持，提高在市场中的声望和竞争力。效益性原则要求在双向沟通中注重激发员工的参与和反馈。双向沟通有助于建立共同的理解和共鸣，管理者需要鼓励员工提出问题、提供建议，并积极回应员工的反馈。通过积极倾听和回应，管理者可以了解员工的需求和关切，调整沟通策略，提高员工的满意度和参与度，从而为组织的长期发展创造更有利的内部环境。管理沟通的效益性原则是确保沟通活动能够为组织创造最大的价值和利益的关键要素。通过注重信息的质量、对组织目标的贡献、沟通的长期影响、与外部利益相关方的关系、双向沟通的积极参与等方面的实践，管理者可以提高组织内外的综合效益，促进组织的长期发展和可持续成功。

参考文献

[1] 韩红蕾. 论现代企业的管理沟通技巧 [J]. 人力资源管理, 2014 (09): 158-159.

[2] 亓静. 管理沟通与信息传递在企业目标实现中的重要作用 [J]. 沿海企业与科技, 2012 (07): 42-44.

[3] 张树敏. 管理沟通理论对企业业绩产生影响分析 [J]. 改革与战略, 2012, 28 (04): 169-171.

[4] 钱毓英. 基于语言文化差异的高校跨文化管理沟通研究 [J]. 黑龙江教育（高教研究与评估）, 2012 (12): 74-76.

[5] 刘萌. 企业组织管理沟通中的问题及对策探究 [J]. 中国中小企业, 2023 (08): 141-143.

[6] 陈幼红. 企业提升管理沟通效果的策略研究 [J]. 江苏商论, 2023 (08): 94-96.

[7] 周璐. 企业内部管理沟通中的问题和对策 [J]. 商业经济, 2023 (07): 133-134.

[8] 王善列. 企业管理沟通问题及对策研究 [J]. 中小企业管理与科技 2023, (10): 104-106.

[9] 江朝虎. 管理沟通对企业战略执行的影响研究 [J]. 企业改革与管理, 2021 (12): 6-7.

[10] 孙哲. 企业管理沟通问题与对策 [J]. 合作经济与科技, 2021 (17): 132-133.

[11] 刘春雨, 张佳鑫, 杨静, 等. 浅析影响管理沟通的因素与对策 [J]. 中小企业管理与科技（中旬刊）, 2021 (08): 13-14.

[12] 李琛, 胡转兄. 组织基层管理者管理沟通实例研究 [J]. 江西电力职业技术学

院学报，2021，34（04）：111-113.

[13] 许爱丽.企业管理沟通的影响因素及对策研究［J］.中国商论，2020（24）：127-128.

[14] 雷鑫.关于提高企业内部管理沟通有效性的分析［J］.老字号品牌营销，2020（01）：84-85.

[15] 张向菁.积极聆听在管理沟通中的运用探讨［J］.中国管理信息化，2019，22（23）：78-79.

[16] 徐璐，刘慧，李菁，等.企业管理沟通问题及对策分析［J］.现代营销（经营版），2019（06）：146-147.

[17] 郑银玲.企业管理沟通障碍及对策分析［J］.企业科技与发展，2018（06）：259-260.

[18] 邓华桂.试论现代企业管理沟通问题及对策［J］.中外企业家，2018（19）：48.

[19] 朱彤，罗炜，邓满，等.管理沟通［M］.重庆：重庆大学出版社：2015.

[20] 王善列.企业管理沟通问题及对策研究［J］.中小企业管理与科技，2023（10）：104-106.